R®

Top... des®

Guadeloupe et ses îles... à pied

...ir page 4

...s ce guide, vous croiserez ou emprunterez

...entier de « **Grande Randonnée** »

Les Saintes / photo C.F./ONF

Les itinéraires de randonnée pédestre connus sous le nom de « GR », jalonnés de marques blanc-rouge, sont une création de la Fédération française de la randonnée pédestre. Ils sont protégés au titre du code de la propriété intellectuelle. Les marques utilisées sont déposées à l'INPI. Nul ne peut en disposer sans autorisation expresse. « Sentier de Grande Randonnée, Grande Randonnée de Pays, Promenade & Randonnée, Randocitadines, À pied en famille, les Environs de... à pied », « Sentiers des patrimoines », « Week-ends Rando » sont des marques déposées, ainsi que les marques de couleur blanc-rouge et jaune-rouge. Les extraits de cartes figurant dans cet ouvrage sont la propriété de l'Institut géographique national. Toute reproduction est soumise à l'autorisation de ce dernier.

3e édition : mai 2015 – ISBN 978-2-7514-0799-4 © IGN 2015 (fonds de carte) – Dépôt légal : mai 2015

La Guadeloupe et ses îles...

à pied®

PR®

49 PROMENADES & RANDONNÉES

1 GR®

AVEC L'APPUI TECHNIQUE DU COMITÉ
DÉPARTEMENTAL DE LA RANDONNÉE
PÉDESTRE DE GUADELOUPE
ET DE SES BÉNÉVOLES

GR® G1

CONSEIL GÉNÉRAL
DE LA GUADELOUPE

Office National des Forêts

La Guadeloupe
Parc National

FFRandonnée
les chemins, une richesse partagée
Comité départemental
Guadeloupe

LES ÎLES DE
GUADELOUPE
COMITÉ DU TOURISME

FFRandonnée
les chemins, une richesse partagée
www.ffrandonnee.fr

Bien préparer sa randonnée

BIEN PRÉPARER SA RANDONNÉE

Les itinéraires de Promenades et Randonnées (PR) sont en général des boucles : on part et on arrive au même endroit.

QUATRE NIVEAUX DE DIFFICULTÉ À CONNAÎTRE

Les randonnées sont classées par niveaux de difficulté. Elles sont différenciées par des couleurs dans la fiche de chaque circuit.

TRÈS FACILE **> Moins de 2 heures de marche**

Idéale à faire en famille, sur des chemins bien tracés.

FACILE **> Moins de 3 heures de marche**

Peut être faite en famille. Sur des chemins avec quelques passages moins faciles.

MOYEN **> Moins de 4 heures de marche**

Pour les randonneurs habitués à la marche. Avec quelquefois des endroits assez sportifs et/ou des dénivelées.

DIFFICILE **> Plus de 4 heures de marche**

Pour des randonneurs expérimentés et sportifs. L'itinéraire est long et/ou difficile (dénivelées, passages délicats).

Durée de la randonnée

La durée est calculée sur la base de 3 km/h pour les balades vertes et bleues, et de 4 km/h pour les randonnées rouges et noires. La durée indiquée tient compte de la longueur et des dénivelées. Si vous randonnez avec des enfants, reportez-vous page 8.

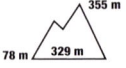

Les dénivelées signalées dans ce guide sont approximatives et peuvent légèrement varier selon l'outil de mesure utilisé.

COMMENT SE RENDRE SUR PLACE ?

En voiture

Tous les points de départ sont en général accessibles par la route. Un parking est situé à proximité du départ de chaque randonnée. Ne laissez pas d'objet apparent dans votre véhicule.

Veillez à ce que votre véhicule ne gêne pas le passage des engins forestiers ou agricoles, même le dimanche. Il est interdit de stationner derrière les barrières de routes forestières.

Par les transports en commun

L'accès par les transports en commun est signalé à la rubrique Situation de chaque itinéraire. Attention, certains services sont réduits ou inexistants les week-ends, jours fériés et période de congés scolaires.

Cars, bus, taxis, voitures de location > contactez le CTIG (voir coordonnées page 7)

L'ÉQUIPEMENT D'UNE BONNE RANDONNÉE
Les chaussures

Les chaussures de randonnée doivent être confortables et garantir un bon maintien du pied et de la cheville. Si elles sont neuves, prenez le temps de les faire à votre pied avant. Les tennis seront limitées à une courte marche d'une ou deux heures.

Le sac à dos

Un sac de 20 à 40 L conviendra largement pour les sorties à la journée. La lampe torche est conseillée si l'on est surpris par la tombée de la nuit (vers 18 h).

Les vêtements

Une averse est vite arrivée, avoir dans son sac un vêtement imperméable. Pour la Soufrière se munir d'un pull, sweat ou coupe-vent de préférence respirant. Beaucoup de randonnées en Guadeloupe offrent d'agréables baignades : pensez au maillot de bain.

Équipement complémentaire

Une paire de lacets, de la crème solaire, une casquette, des lunettes, une trousse de secours, une boussole, un appareil-photo, produit anti-moustique.

4 indispensables à ne pas oublier !

1 > Bien s'hydrater

La gourde est l'accessoire indispensable, été comme hiver.

3 > Mieux observer

En montagne ou dans un parc, **une paire de jumelle**.

2 > Toujours dans la poche !

Un couteau multifonctions

4 > Mieux se repérer

Une lampe torche en cas de tunnel, grotte.

Autres > un pique-nique ou, pour les courtes marches, quelques provisions qui aideront à terminer un itinéraire, surtout avec des enfants.

BIEN PRÉPARER SA RANDONNÉE

QUAND RANDONNER ?

Avant de partir, toujours s'informer sur le temps prévu :
Météo France : tél. **32 50** ou www. meteo.fr
Météo France Guadeloupe : tél. **08 92 68 08 08**

Saison humide (ou hivernage)

S'étend de juillet à décembre et est peu propice à la randonnée en raison de l'abondance des mauvaises conditions climatiques : pluies brutales et abondantes, orages, dépressions tropicales. La plupart des traces comporte des traversées de rivières dont le niveau peut monter très rapidement.

Saison sèche (ou carême)

S'étend de janvier à juin, reste la meilleure saison pour marcher en forêt mais durant laquelle un gros grain n'est jamais à exclure. Il est conseillé de partir tôt le matin pour éviter la chaleur. La nuit tombe vite aux Antilles (entre 17 h 30 en décembre et 18 h 30 en juin).

DÉSAGRÉMENTS ET DANGERS

L'orage

Ne pas rester debout sous un arbre ou un rocher, ou près d'une cabane ; s'éloigner des cours d'eau et des pylônes. S'accroupir sur ce qui peut être isolant (sac, corde), tenir les deux pieds bien serrés.

La chaleur excessive

Protégez-vous la tête et le corps, buvez souvent, en particulier sur les sentiers du littoral. Dès les premiers signes (maux de tête, nausées), il est indispensable de s'arrêter, de se mettre à l'ombre et de boire frais à petites gorgées.

La baignade

Le danger principal est le choc thermique. Il faut entrer progressivement dans l'eau, et renoncer en cas de sensation anormale (grande fatigue, vertige, bourdonnements d'oreille...).

n° d'urgence
Secours 112
Pompiers 18
Samu 15
Gendarmerie 17

Marcher le long d'une route

Mieux vaut marcher en colonne le long d'une route. La nuit, chaque colonne empruntant la chaussée doit être signalée à l'avant (feu blanc ou jaune) et à l'arrière (feu rouge).

Quelques adresses pour vous aider

COMITÉ DU TOURISME
• **Comité du tourisme des îles de Guadeloupe (CTIG)**, 5, square de la Banque, BP 555, 97166 Pointe-à-Pître cedex, tél. 05 90 82 09 30 ou 05 90 89 46 89, fax 05 90 83 89 22, info@lesilesdeguadeloupe.com, www.lesilesdeguadeloupe.com

FÉDÉRATION FRANÇAISE DE LA RANDONNÉE PÉDESTRE
• **Centre d'information de la FFRandonnée**, 64 rue du Dessous-des-Berges, 75013 Paris, tél. 01 44 89 93 93, fax 01 40 35 85 67, info@ffrandonnee.fr, www.ffrandonnee.fr

COMITÉ DÉPARTEMENTAL DE LA RANDONNÉE PÉDESTRE
• **Comité Guadeloupéen de randonnée pédestre**, M. Jacky Noc,
1 bis, avenue du Général-de-Gaulle, centre culturel du Raizet, 97142 Abymes,
tél./fax 05 90 20 98 31, portable 06 90 35 17 54,
cgrp971@orange.fr, http://guadeloupe.ffrandonnee.fr

PARC NATIONAL DE LA GUADELOUPE
• **Parc national de la Guadeloupe**, Habitation Beausoleil – Montéran, 97120 Saint-Claude, tél. 05 90 80 86 00, fax 05 90 80 05 46, www.guadeloupe-parcnational.com

OFFICE NATIONAL DES FORÊTS
• **Office national des forêts**, Jardin Botanique, 97100 Basse-Terre,
tél. 05 90 99 28 99, fax 05 90 81 48 77, dr.guadeloupe@onf.fr, www.onf.fr/REG/Guadeloupe/accueil.htm

TRANSPORTS
• Compagnies aériennes au départ de la Métropole : Air France, Air Caraïbe, Corsair, XL Airways
• Compagnies aériennes au départ de l'Amérique du Nord : American Airlines, Air Canada
• Compagnies aériennes proposant des liaisons inter-îles : Liat, Air Antilles Express
• Gare maritime pour les déplacements inter-îles :
      - Bergevin (Pointe-à-Pitre)
• Compagnies maritimes :
      - Express des îles, tél. 0 825 35 9000 (Trois-Rivières ou Basse-Terre)
      - Somatrans, tél. 05 90 26 84 14 (Trois-Rivières ou Basse-Terre)

ACCOMPAGNATEURS DE MOYENNE MONTAGNE (AMM)
• NOC Jacky, AMM qualifié CANYON, tél. 06 90 35 57 18, www.aventure-guadeloupe.fr
• BARET Éric, AMM qualifié CANYON, tél. 06 90 55 40 47, www.vert-intense.com
• NAZAIRE David, AMM, tél. 06 90 55 06 38, www.ziontrek-guadeloupe.fr
• BRUDEY Gerson, AMM, tél. 06 90 83 58 35, www.nature-experience.fr
Ces accompagnateurs bénéficient de la marque de confiance du Parc national de la Guadeloupe.

BIEN PRÉPARER SA RANDONNÉE

À CHACUN SON RYTHME...

Les enfants jusqu'à environ 7 ans

Sur le dos de ses parents jusqu'à 3 ans, l'enfant peut ensuite marcher, dit-on, un kilomètre par année d'âge. Question rythme, on suppose une progression horaire de 1 à 2 km en moyenne.

De 8 à 12 ans

On peut envisager des sorties de 10 à 15 km. Les enfants marchant bien mieux en groupe, la présence de copains favorisera leur énergie. Si le terrain ne présente pas de danger, ils apprécieront une certaine liberté, en fixant des points de rendez-vous fréquents.

Les adolescents qui sont en pleine croissance ont des besoins alimentaires plus importants que les adultes.

Les seniors

La marche a pour effet la préservation du capital osseux, et fait travailler en douceur l'appareil cardio-vasculaire. Un entretien physique régulier de 30 minutes à 1 heure de marche quotidienne est requis pour envisager de plus longues sorties. Un bilan médical est recommandé.

Où se restaurer et dormir dans la région ?

TROIS TYPES D'APPELLATION

Alimentation > pour un pique-nique : épicerie, boucherie ou traiteur, à la découverte des produits locaux

Restauration > un café ou un restaurant, pour reprendre son souffle et savourer les spécialités du terroir

Hébergement > De nombreuses possibilités d'hébergement existent : pour plus d'informations, **consulter le Comité du tourisme des îles de Guadeloupe (CTIG). Certains prestataires touristiques bénéficient de la marque de confiance du Parc national de la Guadeloupe (renseignements PNG : 05 90 80 86 00).**

Les établissements Rando Accueil, gîtes, hôtels, campings, sont sélectionnés pour leur convivialité et leur environnement de qualité ; en outre, ils proposent des conseils personnalisés pour découvrir les itinéraires de randonnée alentour. www.rando-accueil.com

• • • Tableau des ressources

▽	🛒	🍴	🏠
Anse-Bertrand	●	●	●
Bouillante	●	●	●
Capesterre-Belle-Eau	●	●	●
Deshaies	●	●	●
Gosier	●	●	●
Goyave	●	●	
Gourbeyre	●	●	●
La Désirade	●	●	●
Le Moule	●	●	●
Les Saintes	●	●	●
Marie-Galante	●	●	●

▽	🛒	🍴	🏠
Petit-Bourg	●	●	●
Petit-Canal	●	●	●
Pointe-Noire	●	●	●
Port-Louis	●	●	●
Saint-Claude	●	●	●
Saint-François	●	●	●
Sainte-Anne	●	●	●
Sainte-Rose	●	●	●
Trois-Rivières	●	●	●
Vieux-Fort	●	●	●

PAILLOTTE / PHOTO R.M.

BIBLIOGRAPHIE

Pour mieux connaître la région

CONNAISSANCE GÉOGRAPHIQUE, TOURISTIQUE ET HISTORIQUE DE L'ÎLE

• Fournet J., *Flore illustrée des pharénogames de Guadeloupe et de Martinique (2 volumes)*, éd. Cirad & Gondwana Éditions, 2002.
• Portecop J., *Plantes fabuleuses des Antilles*, Éditions Caribéennes, 1985.
• Le Corre G., Exbrayat A. (photographe), *Fleurs des Tropiques*, Éditions Exbrayat, 1993.
• Ternisien A., Le Bellec F., Leroy É. (photographe), *Mon Jardin Tropical*, Éditions Orphie, 2002.
• Feldmann P., Barre N., *Atlas des orchidées sauvages de la Guadeloupe*, éd. Patrimoines Naturels, 2001.
• Hostache G., *La vie dans les eaux douces de la Guadeloupe : poissons et crustacés*, éd. INRA / Parc national de la Guadeloupe, 1992.
• Buffon A., Caredda B., Guillot C., Lorut J., Durand Y., *La Grande encyclopédie de la Caraïbe (10 vol.)*, éd. Sanoli, 1990.
• Barbotin M., *Archéologie antillaise, Arawaks et Caraïbes*, éd. Parc Naturel de Guadeloupe, 1987.
• Diren Guadeloupe, *Atlas du patrimoine guadeloupéen : espaces naturels et paysages*, éd. Diren Guadeloupe, 2001.
• Villard P., *Le pic de la Guadeloupe*, éd. SEOF / Parc national de la Guadeloupe, 1999.
• Théault T., Denhez Frédéric, *Guadeloupe*, éd. Gallimard / collection géoguides, 2006.
• *Guadeloupe - les 7 îles de la Guadeloupe*, éd. Hachette / collection Guides évasion, 2006.
• Sastre C. et Breuil A., *Plantes, milieux et paysages des Antilles Françaises*, Éditions Biotope, 2007.
• Le Bellec V. et F., *Fruits des Antilles*, PLB Éditions, 2004.
• Chauchix S., Petit-Lebrun T., *Graines des Antilles*, PLB Éditions, 2004.
• Bénito-Espinal E., Hautcastel P., *Les oiseaux des Antilles et leur nid*, PLB Éditions, 2003.

SUR LA RANDONNÉE

• Stehle-Artra H. et M., *Une Excursion à la Soufrière*, 1958.
• *Guide de découverte du Parc naturel de Guadeloupe*, éd. ONF-ARPEGE, 1979.
• *25 itinéraires pédestres du Parc naturel de Guadeloupe*, éd. ONF-ARPEGE, 1982.
• Berry G. - Photos Pambour B., *Les Plus Belles Balades à la Guadeloupe, 40 itinéraires pédestres*, éd. Les Créations du Pélican, 1993.
• Renault J.-M., *Balades aux Saintes*, éd. Les Créations du Pélican, 1995.
• *Topo-guide La Guadeloupe, la trace des Alizés*, éd. FFRandonnée, 1996
• Berry G., *Le Guide Guadeloupe*, éd. La Manufacture, 1997.
• *Les Sentiers de Randonnée Pédestre de Marie-Galante*, éd. ONF-CCMG, 1999.
• Milville T. - Berry P., *Sentier d'interprétation du Houëlmont*, éd. ONF-La Sylvathèque, 2001.
• Milville T. - Berry P., *Sentier d'interprétation de Matouba*, éd. ONF-La Sylvathèque, 2001.
• *Les Sentiers de randonnée pédestre du Nord Grande-Terre*, éd. ONF Conseil Général de la Guadeloupe, 2002.
• *Topo-guide Le Parc National de la Guadeloupe…à pied*, éd. FFRandonnée, 2003.
• *Désirade Natures et Petite Terre Natures* - hors série, éd. Grenn Sab - PLB Éditions, 2005.
• *Guadeloupe Natures - Loisirs et Découvertes* - hors série, éd. Grenn Sab - PLB Éditions, 2006.

Pour connaître la liste des autres topo-guides de la Fédération française de la randonnée pédestre, consulter le catalogue sur le site Internet de la Fédération : www.ffrandonnee.fr

HÉBERGEMENT

• *Gîtes d'étapes et refuges,* A. et S. Mouraret, mise à jour permanente sur Internet : www.gites-refuges.com

CARTES DE LA RÉGION

• Pour une vision plus large de la région, nous vous conseillons :
LA CARTE IGN AU 1 : 100 000 N° 84003

Rejoignez-nous et randonnez l'esprit libre

Pour mieux connaître la fédération, les adresses des associations de votre département, pour tout savoir sur l'actualité de la randonnée, pour adhérer ou découvrir la collection des topo-guides.

Tout sur www.ffrandonnee.fr

FFRandonnée

Suivez les balisages de la **FFRandonnée**

LES TYPES DE BALISAGE

Type d'itinéraire			
Bonne direction			
Tourner à gauche			
Tourner à droite			
Mauvaise direction			

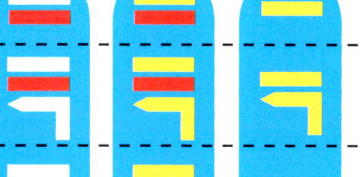

1 Grande Randonnée / **2** Grande Randonnée de Pays / **3** Promenade & Randonnée

MARQUAGES DES BALISAGES

Le jalonnement des sentiers consiste en marques de peinture sur les arbres, les rochers, les murs, les poteaux. Leur fréquence est fonction du terrain.

Les baliseurs : savoir-faire et disponibilité

Pour cheminer sereinement, 6000 bénévoles passionnés s'activent toute l'année, garants d'un réseau de 180000 kilomètres de sentiers, sélectionnés et aménagés selon des critères de qualité.

Des sentiers balisés à travers toute la France

LA **FFRandonnée** AUJOURD'HUI

La Fédération française de la randonnée pédestre, c'est plus de 205 000 adhérents, 3 350 associations affiliées, 180 000 km de sentiers balisés GR® et PR®, 120 comités régionaux et départementaux, 20 000 bénévoles animateurs et baliseurs, 270 topo-guides, un magazine de randonnée Passion Rando et un site Internet : www.ffrandonnee.fr.

Passion Rando, le magazine des randonneurs

Passion Rando apporte aux amoureux de la randonnée et d'authenticité toutes les pistes de découverte des régions de France et à l'étranger, les propositions d'itinéraires, d'hébergements et des bonnes adresses.

En valorisant les actions locales d'engagement pour la défense de l'environnement et d'entretien des sentiers, *Passion Rando* porte un message sur le développement durable, la préservation de la nature et du réseau d'itinéraires de randonnée pédestre.

Abonnez-vous sur www.ffrandonnee.fr

PassionRando

LE MAGAZINE DES PASSIONNÉS DE LA RANDO

PARTEZ TRANQUILLE AVEC **LA RandoCarte**®

4 atouts au service des randonneurs

- Une assurance spéciale « randonnée »
- Une assistance 24/24 h et 7/7 jours en France comme à l'étranger
- Des avantages quotidiens pour vous et vos proches
- Un soutien à l'action de la Fédération française de la randonnée pédestre et aux bénévoles qui entretiennent vos sentiers de Grande Randonnée et de Promenades et Randonnées

Vous aimez la randonnée

Depuis plus d'un demi-siècle, la Fédération vous propose une assurance, adaptée et performante, dont profitent déjà plus de 205 000 passionnés. Faites confiance à la RandoCarte® : elle vous est conseillée par des spécialistes du terrain, passionnés de randonnée…

Une fois encore, ils vous montrent le chemin !

**CONSEIL GÉNÉRAL
DE LA GUADELOUPE**

En randonnée chez nous…

La Guadeloupe… C'est tout un trésor qui est là, enfoui sous nos pieds ou dispersé parmi la flore de notre territoire, et qui ne demande qu'à être découvert et contemplé, pour s'offrir à nos regards comme dans son écrin de nature.

L'Assemblée Départementale a voulu rajouter une signalétique adaptée à la vision de ces spécimens de plantes et d'animaux inouïs qui font les saveurs et les senteurs de nos îles…

Le Conseil Général vous invite dans cette frondaison, cette luxuriance de 2 800 hectares de forêt au sein de laquelle ce guide s'amuse un moment à nous égarer… Nous devons être les fidèles pèlerins de ces quelques 246 kilomètres des 52 traces que nous entretenons.

Nous avons aussi procédé, pour le plaisir des randonneurs, à l'aménagement de la Cascade aux Écrevisses, de l'aire de Corossol et celle de Moreau en cours d'achèvement. Nous avons aussi prolongé le programme d'animation du Parc National aux forêts départementales.

Enfin le site internet du Conseil Général met à la disposition des amateurs un Système d'Information Géographique en 3 dimensions afin de leur permettre d'appréhender en relief la beauté de nos paysages.

Le Conseil Général vous invite donc, en collaboration avec le conservatoire botanique des Antilles françaises, le Parc National et l'Office National des Forêts, à visiter et revisiter nos îles et à en savourer chaque recoin.

Le Conseil Départemental
de la Guadeloupe

Découvrir
la Guadeloupe

PHOTOS : (1) PLAGE DE LA FEUILLÈRE / C.F./ONF ; (2) LA SOUFRIÈRE / C.F./ONF ; (3) LA TROISIÈME CHUTE DU CARBET / PNG ; (4) CABRIS AUX SAINTES / C.F./ONF

L a Guadeloupe, archipel de 1 780 km² situé au cœur de l'arc antillais, est composée de six îles habitées : la Grande-Terre et la Basse-Terre séparées par la Rivière Salée, un étroit bras de mer d'à peine 150 mètres de large et de 10 kilomètres de long, la Désirade, poste avancé tant « désiré » par les hommes de Christophe Colomb qui en aperçurent la forme plate et rocailleuse au matin du 2 novembre 1493, Marie-Galante, la grande galette « aux cents moulins », et enfin Terre-de-Haut et Terre-de-Bas, les deux sœurs qui composent les Saintes.

L'exceptionnelle diversité de cet ensemble d'îles a valu à la Guadeloupe d'être désignée « microcosme du monde tropical ». Car peu d'endroits dans le monde peuvent se prévaloir de présenter sur une si petite superficie une si grande richesse de milieux et de paysages.

Le relief et la constitution du sol expliquent en partie ce phénomène. Le climat joue aussi un rôle important. À 16,8 degrés de latitude nord et 65,4 degrés de longitude ouest, la Guadeloupe se trouve située au milieu des mers chaudes de l'océan Atlantique. Constamment ventilée par les alizés, elle connaît une température quasi constante dont la moyenne annuelle est d'environ 26 °C : le thermomètre dépasse rarement les 32 °C, et il est arrivé qu'en janvier, le mercure descende jusqu'à 13 °C au pied de la Soufrière, notamment à Matouba…

COLIBRI MADÈRE
(*EULAMPIS JUGULARIS*) /
DESSIN P.R.

L'année se divise en deux saisons : le carême, qui s'étale de janvier à juin, réserve de sévères périodes de sécheresse, fort redoutées par les agriculteurs de Grande-Terre et de Marie-Galante ; l'hivernage, de juillet à décembre, marqué par des températures élevées et des précipitations plus fréquentes et particulièrement abondantes.

L'hivernage est d'ailleurs la saison des dépressions tropicales qui se transforment souvent en tempêtes, voire en cyclones dévastateurs dont les vents violents (supérieurs à 200 km/h) et les

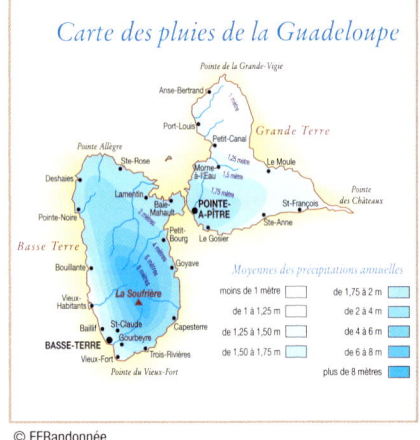

Carte des pluies de la Guadeloupe

Moyennes des précipitations annuelles

- moins de 1 mètre
- de 1 à 1,25 m
- de 1,25 à 1,50 m
- de 1,50 à 1,75 m
- de 1,75 à 2 m
- de 2 à 4 m
- de 4 à 6 m
- de 6 à 8 m
- plus de 8 mètres

© FFRandonnée

pluies torrentielles occasionnent des dégâts considérables. Les ouragans Hugo en 1989, dont les vents dépassaient les 320 km/h, et Marilyn en 1995, qui fit s'abattre jusqu'à 80 cm d'eau en 24 heures, sont encore présents dans toutes les mémoires.

Les risques de crues brutales, d'éboulement et de glissements de terrain rendent la saison d'hivernage peu propice à la randonnée et aux promenades en montagne.

Une identité originale

Fin 2005, l'archipel de la Guadeloupe comptait environ 465 000 habitants. Les différents apports ethniques et le fort métissage de la population, qui a découlé de la colonisation, ont eu pour conséquence d'installer ici une population bigarrée, riche des origines culturelles des différentes communautés : Noirs et mulâtres, descendants d'anciens esclaves venus d'Afrique ; Blancs-pays (ou békés) qui, jusqu'à l'abolition de 1848, furent les maîtres des premiers ; Indiens arrivés des comptoirs français de l'Inde dans la deuxième moitié du XIXe siècle ; Syriens et Libanais, immigrés depuis 1885 et surtout après 1955 ; ainsi que des Vietnamiens ; puis des « pieds noirs » venus d'Algérie après 1962 ; et les Français de métropole, installés plus ou moins temporairement pour occuper des postes de fonctionnaires ou de cadres d'entreprises.

Cette communauté cohabite grâce au subtil équilibre qui s'instaure dans les relations économiques, sociales et culturelles. Cette société plurielle et composite cherche en tout cas à se doter d'une identité originale, l'identité créole, où l'histoire et la sensibilité de chacun pourront trouver leur place.

ÉPICES / PHOTO C.F./ONF

Historique

La connaissance de quelques repères historiques est indispensable pour comprendre et apprécier la Guadeloupe et ceux qui l'habitent :

IXe et Xe siècles : les Indiens caraïbes envahissent et prennent possession de l'archipel après avoir exterminé les Arawaks.

1493 : après une traversée de près de deux mois, Christophe Colomb, lors de son deuxième voyage « aux Indes », touche la Guadeloupe et ses îles. Il pactise avec les Indiens caraïbes, mais ne prend pas la peine de s'y installer. Durant un siècle et demi, personne ne fera grand cas de la Guadeloupe qui restera une halte pour le ravitaillement en eau des navires croisant dans la région.

1635 : commandités par la Compagnie Française des Iles d'Amérique, les sieurs l'Olive et Duplessis mettent pied au nord de la Basse-Terre et tentent de fonder une colonie dans la région de la commune actuelle de Sainte-Rose.

1640 : la canne à sucre est introduite aux Antilles. Sa mise en culture va nécessiter beaucoup de main-d'œuvre. La traite négrière commence et le commerce triangulaire se met en place. Il durera plus de deux siècles.

1794 : la Convention vote l'abolition de l'esclavage.

1802 : sous la pression des grands propriétaires esclavagistes dont est issue son épouse Joséphine de Beauharnais, Bonaparte rétablit l'esclavage. Louis Delgrès, général noir de l'armée française, mène une révolte sanglante contre cette mesure sous la devise « Vivre libre ou mourir ».

1848 : le député alsacien Victor Schœlcher obtient de l'Assemblée nationale l'abolition définitive de l'esclavage aux Antilles françaises.

1854-1885 : afin de remplacer les esclaves libérés, l'immigration de travailleurs engagés, essentiellement originaires de l'Inde, est organisée.

1946 : la Guadeloupe, en même temps que la Martinique, la Guyane et la Réunion, devient département français d'outre-mer.

Le Conservatoire du Littoral

Créé en 1975, le Conservatoire de l'Espace Littoral et des Rivages Lacustres est un établissement public administratif chargé de mener une politique foncière afin de protéger, tout au long des côtes, les sites naturels remarquables, dans toute leur richesse et leur diversité.

En Guadeloupe, le Conservatoire protège près de 2 300 hectares en incluant les 50 pas géométriques, soit plus de 150 km de rivages. Forêts marécageuses et mangroves seront protégées et valorisées par le Conservatoire, au même titre que les îlets de l'archipel et les massifs forestiers proches du littoral.

Le Conservatoire réalise des aménagements légers, des sentiers de découverte pour accueillir le public en adéquation avec la préservation des milieux. Institutions, collectivités, associations, agriculteurs, etc., sont ses partenaires.

Les forêts publiques gérées par l'ONF représentent 37 572 ha, soit 22% du territo
de l'archipel guadeloupéen. L'Office compte 84 salariés avec deux unités territoria
et deux unités spécialisées. Il réalise également des missions d'intérêt général po
l'État, les collectivités et le Conservatoire du Littoral.

Nous mettons au service
de l'archipel
guadeloupéen
notre savoir-faire
en matière de gestion,
de protection et de
mise en valeur
du patrimoine naturel.
Nous contribuons
aussi à l'éducation
à l'environnement et à
l'effort d'insertion.

En photo : vue sur la Désirade
depuis la pointe des Châteaux

Office National des Forêts
Direction Régionale
Jardin Botanique – BP 648
97109 Basse-Terre
Tél : 0590 99 28 99
Fax : 0590 81 48 77
http://www.onf.fr/guadeloupe

VIN DÉKOUVÈ FORÈ GWADLOUP !

En aménageant des sites d'accueil et entretenant plus
150 km de sentiers de randonnée, l'ONF ouvre les mili
naturels au public.

La Guadeloupe et ses îles… à pied : un défi ô combien séduisant.

Parcourir l'archipel le plus vaste et le plus riche des petites Antilles, son parc national, ses
sentiers de bord de mer, ses reliefs aussi nombreux que variés et se retrouver au cœur d'une
nature dotée d'un patrimoine incomparable : c'est l'aventure que je vous propose de vivre.
Une aventure faite de délectation des sens, durant laquelle, couleurs, sons, goûts, senteurs, ou
contact, expriment la diversité des sensations que vous aurez la joie de d'expérimenter.
Au delà de la beauté des sites, vous découvrirez, au détour d'un sentier,
au creux d'une randonnée, la douceur de vivre de nos îles et la chaleur de l'accueil
de la population guadeloupéenne.
Si vous êtes avide de découvertes, je vous invite à franchir les bras de mer
et aller visiter les différentes îles de notre archipel. Vous découvrirez des mondes différents,
aux charmes indescriptibles.
C'est la promesse de notre signature « les îles de Guadeloupe, archipel de découvertes ».
Et j'ai la certitude que vous serez conquis !
Bienvenue dans les Îles de Guadeloupe

150 km : c'est la longueur des itinéraires de randonnée entretenus chaque année par le Parc national de la Guadeloupe. En permettant une immersion complète en milieu naturel, ces sentiers offrent un moyen unique, confortable et sûr, de découvrir les richesses de notre île.

Pour jouer pleinement son rôle dans le développement de la Guadeloupe le Parc national participe à l'économie touristique.

UN PROJET POUR **NOTRE AVENIR**

CHARTE OBJECTIF 2014

Le Parc national de la Guadeloupe, c'est un vrai projet à construire à travers la Charte de Territoire.

info-line : **www.guadeloupe-parcnational.fr**

POUPÉE RUSSE - Crédit photo - PNG N. Cégalerbe, B. Broc - 2011/022

FFRandonnée

les chemins, une richesse partagée

Comité départemental **Guadeloupe**

Le mot du Président

« La région Guadeloupe est un archipel composé de 6 îles. Notre singularité se caractérise par ce milieu tropical doté d'une biosphère rarissime et riche. Cette biodiversité ainsi que notre pharmacopée sont reconnues par l'UNESCO.
Le Comité Régional de Randonnée Pédestre, affilié à la Fédération Française de la Randonnée Pédestre depuis avril 2001, date de sa création, a pour objectif de promouvoir la randonnée sous toutes ses formes.
En réalisant cet ouvrage avec ses 49 plus belles promenades et randonnées et en y ajoutant le GR® G1 (trace des Alizés), nous souhaitons que vous découvriez autrement cette Guadeloupe profonde que nous aimons tant. »
BONNE BALADE

Jacky NOC
Président du Comité Guadeloupéen de Randonnée Pédestre

La flore de la Guadeloupe

Dessins
Nathalie Locoste

Balisier
(Heliconia caribaea)

Cette grande herbe caractéristique de la forêt tropicale humide des Petites Antilles fleurit toute l'année, surtout d'avril à juin. Son inflorescence, ensemble de bractées imbriquées de 12 à 30 cm, ressemble à un épi de couleur rouge ou rouge à bord jaune, parfois entièrement jaune. Cette plante, de la même famille que les bananes (musacées), peut atteindre 5 m de hauteur. Elle est aussi cultivée par les horticulteurs pour être vendue chez les fleuristes.

Gommier rouge *(Bursera simaruba)*

Cet arbre, qui peut atteindre de 5 à 15 m de haut, se trouve en forêt sèche. Pour le reconnaître, il suffit d'observer son tronc brillant, rouge à écorce lisse se détachant par lambeaux minces et transparents. Ses fleurs blanches s'épanouissent d'avril à juin.

Il laisse également suinter, après incision, un suc aromatique utilisé pour guérir les plaies et blessures. L'exsudat translucide est utilisé en colle à papier très forte. Cette essence est utilisée pour fabriquer des barrières et des haies vives.

Acomat boucan
(Sloanea caribaea)

Cet arbre majestueux peut mesurer jusqu'à 40 m de haut. Son tronc est spectaculaire car constitué de contreforts. Ce sont des nervures qui partent de la base du fût et qui prolongent les racines, formant parfois des parois épaisses. Cette structure augmente ainsi l'ancrage de l'arbre au sol.

Fromager *(Ceiba pentendra)*

Arbre imposant dépassant 20 m, il possède un tronc épineux à l'état jeune, et des contreforts sont souvent visibles. Les fruits sont remarquables par leur constitution : de la taille d'un petit concombre, s'ouvrant par cinq valves et laissant échapper un duvet long, brun, cotonneux, contenant des graines noires (ce duvet était autrefois utilisé pour la fabrication de matelas et d'oreillers). La fructification a lieu d'avril à mai. Cet arbre se trouve dans les zones moyennement humides et aux environs des habitations ; il garde une grande importance dans l'imaginaire antillais. ▶

Palétuvier rouge *(Rhizophora mangle)*

C'est un arbre de mangrove ou de front de mer. Il a de nombreuses racines arquées aériennes ou en échasses et entrelacées, formant un milieu difficilement pénétrable. Certaines racines sont également pendantes du haut des branches. Les fruits germent sur l'arbre toute l'année. Une fois la plantule formée, elle se détache et se fiche dans la vase ou dérive à la surface de l'eau. Le bois était utilisé pour le chauffage des usines sucrières ; l'écorce, riche en tanin, était autrefois utilisée pour tanner les peaux.

▼

La faune de la Guadeloupe

Dessins
Pascal Robin

Scieur de long *(Dynastes hercules)*

Ce coléoptère, qui peut atteindre 17,5 cm d'envergure, est l'un des plus gros insectes au monde.

La pince dont le mâle est muni constitue une curiosité biologique : cet appendice, qui lui permet de saisir les objets, lui sert également d'arme. Parfois les mâles se livrent à des combats mortels pour une femelle. Ils sont capables de couper leur adversaire en deux en le saisissant avec leur pince. La femelle quant à elle ne possède ni corne, ni pince.

Le scieur de long vit exclusivement en forêt humide. Insecte solitaire qui se nourrit de fruits et de baies, il se déplace grâce à un vol rapide et bruyant, à la hauteur de la cime des arbres. Il se manifeste la nuit et, attiré par la lumière, il s'approche parfois des zones habitées (maisons et routes). ▼

Ce superbe animal devenu rare en Guadeloupe est une espèce menacée. Sa capture, son transport et sa vente sont formellement interdits.

Racoon *(Procyon minor)*

Le racoon, raton-laveur de Guadeloupe, est un petit-cousin des ours qui aurait été introduit dans l'île au XVIIIe siècle, sans doute à la suite du naufrage d'un navire américain.

Il peut atteindre la taille d'un mètre (dont 40 cm pour la queue), et peser jusqu'à 15 kg. On le trouve partout en Guadeloupe, et il peut vivre plus de dix ans.

Animal de mœurs nocturnes, le racoon se nourrit surtout de crustacés, de mollusques, d'oiseaux, mais aussi de fruits et de légumes qu'il va « chaparder » dans les zones cultivées.

Encore apprécié pour sa chair savoureuse, et bien que protégé sur l'ensemble de l'archipel guadeloupéen depuis 1989, il est hélas victime d'un important braconnage.

Anoli *(Anolis mormoratus)*

L'anoli est un petit lézard vert répandu dans toutes les Petites Antilles. On le trouve partout, même à l'intérieur des habitations, à la recherche des insectes qui composent l'essentiel de son alimentation. ▼

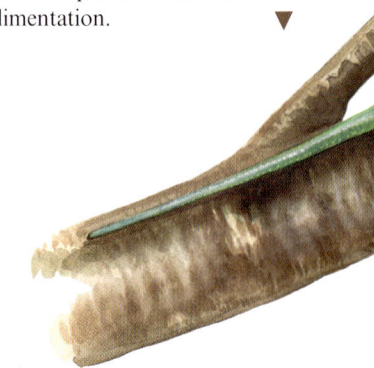

L'anoli possède la faculté de changer de couleur en fonction de la température et de la lumière. Le mâle, plus grand que la femelle, possède un fanon jaune (appelé couteau) sous la gorge qu'il déploie lors des parades nuptiales ou pour impressionner ses ennemis.

Grenouille *(Eleutherodactylus)*

Quatre espèces de ces minuscules grenouilles existent en Guadeloupe, parmi lesquelles deux sont uniques au monde. Amoureuses de l'ombre et de l'humidité, ces hylodes se réfugient au creux des pierres ou des arbres, sous les feuilles

mortes, dans les bractées des balisiers…
On en trouve parfois dans les cuisines, les salles de bains, les vérandas des maisons, attirées par la lumière, à la recherche des insectes.
Le petit chant (« huit-huit ») qu'elles émettent dès la tombée du jour ou à la suite d'une averse fait partie des bruits caractéristiques de la nature guadeloupéenne.

Frégate *(Fregata magnificens)*

La frégate ou malfini est le plus grand oiseau que l'on puisse observer en Guadeloupe ; son envergure est en effet de 2,44 mètres. Cette espèce s'observe facilement dans l'île, mais elle n'y niche malheureusement plus depuis la moitié du XVIIe siècle, époque à laquelle la seule colonie de la Guadeloupe a été massacrée. La plus proche se trouve désormais à Barbuda et compte environ 2 500 couples. Cette espèce est très utile aux pêcheurs qui s'en servent pour repérer le poisson qu'ils convoitent (dorades et thons notamment). La frégate a la particularité de pouvoir dormir, pêcher et même s'accoupler en vol. Elle peut vivre jusqu'à 50 ans.

Découvrir
la Basse-Terre

L a Basse-Terre se présente comme une immense montagne, remarquablement homogène au plan topographique. Elle culmine au sommet du volcan actif de la Soufrière à 1 467 mètres, le plus élevé des Petites Antilles. Ce massif est en partie recouvert d'une forêt dense et riche. Les nombreux et abondants cours d'eau qui sillonnent la Basse-Terre, les cascades et les bassins constituent la principale réserve d'eau potable de la Guadeloupe. Ils lui ont valu d'être baptisée du nom de Karukéra (« l'île aux belles eaux ») par les populations précolombiennes.

La Basse-Terre recèle une végétation riche et variée qui tire son originalité de son triple caractère montagneux, insulaire et tropical. Du bord de la mer aux cimes les plus élevées, quatre zones se succèdent :

- la végétation sèche du littoral,
- la végétation humide du littoral (mangrove et forêt marécageuse),
- la forêt dense humide (en deux étages : mésophile et hygrophile),
- la végétation d'altitude (au-dessus de 1 000 m d'altitude).

La forêt dense est l'une des mieux conservées des Petites Antilles. On y compte trois fois plus d'espèces d'arbres qu'en France métropolitaine pourtant 650 fois plus vaste. On y trouve quelque 300 espèces d'orchidées.

L'insularité est à l'origine d'un très fort endémisme : de nombreuses espèces, tant animales que végétales, n'existent nulle part ailleurs.

Pour sauvegarder ce patrimoine, une partie du massif forestier a été classée Parc national en 1989. Le cœur de ce Parc couvre 17 300 ha, soit environ 10 % du territoire du département. Espace ouvert à tous, le Parc national contribue à la découverte et à la connaissance, et tente de développer un comportement de respect vis-à-vis de la nature et de ses équilibres.

Un réseau de près de 200 km de sentiers (appelés « traces » en Guadeloupe) ainsi que de nombreux équipements d'accueil sont régulièrement entretenus et facilitent un contact étroit avec la nature.

PHOTOS
(ci-contre) CHUTES DU CARBET, BASSE TERRE / C.F./ONF
(ci-dessous) VUE SUR BASSE-TERRE / C.F./ONF

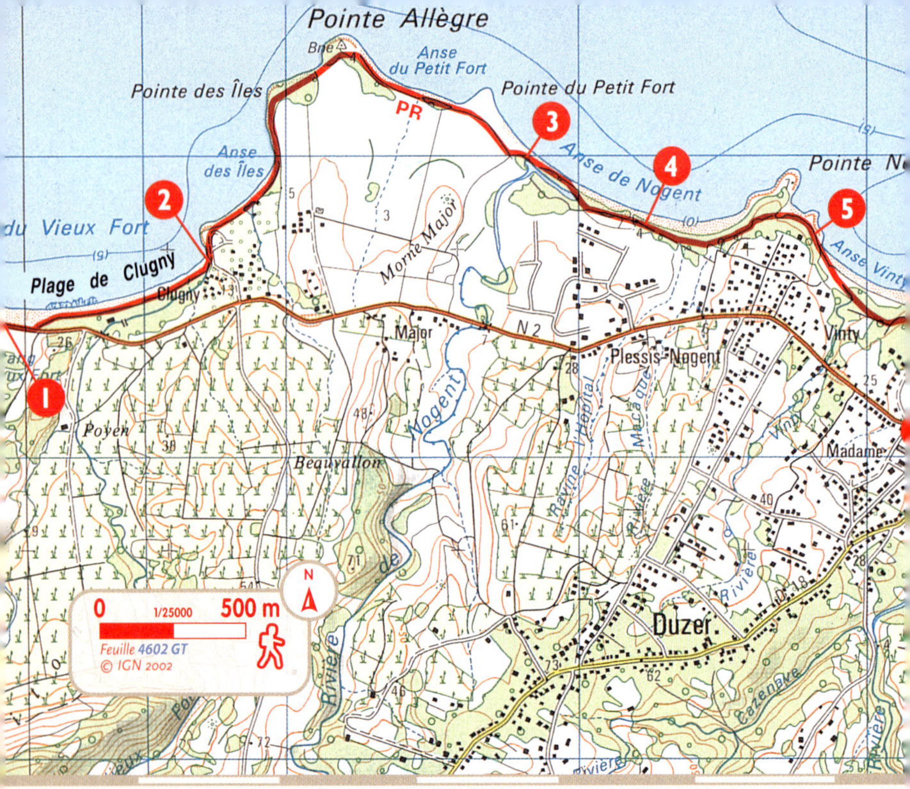

[The top portion is a topographic map with labels including:]

Pointe Allègre
Pointe des Îles
Anse du Petit Fort
Pointe du Petit Fort
Anse de Nogent
Pointe N
Anse des Îles
PR
Plage de Clugny
du Vieux Fort
Clugny
Morne Major
Major
Plessis-Nogent
Vinty
Madame
Poyen
Beauvallon
Duzer
Riviere de Nogent

0 1/25000 500 m
Feuille 4602 GT
© IGN 2002

HISTOIRE
L'Olive et Duplessis

C'est le 28 juin 1635, soit près d'un siècle et demi après la découverte de la Guadeloupe par Christophe Colomb, que les capitaines de vaisseaux français l'Olive et Duplessis, concessionnaires d'un contrat de la Compagnie des Isles d'Amérique, débarquent dans le nord de la Guadeloupe, à la pointe Allègre. Accompagnés de 400 hommes et de quatre prêtres dominicains, ils ont pour mission d'établir une colonie dans l'île, comme cela a déjà été fait dans l'île de Saint-Christophe plus au nord. Mais, victime d'une terrible famine, la plus grande partie de ces colons est rapidement décimée.

Les survivants décident alors de gagner le sud, laissant derrière eux quelques irréductibles qui s'attachent à cette région ingrate et y fondent bientôt la paroisse de Sainte-Rose.

MARE SUR LE LITTORAL DE POINTE ALLÈGRE / PHOTO ONF

Le littoral de Sainte-Rose

À travers de multiples et fabuleuses fenêtres paysagères, vous allez passer au point le plus au nord de la Basse-Terre, pointe Allègre, lieu de débarquement des Français, messieurs l'Olive et Duplessis, venus coloniser la Guadeloupe en 1635.

RAISINIER BORD DE MER (*COCOLOBA UVIFERA*) /
DESSIN N.L.

1 Depuis la plage *(au large, se dégagent les îlets à Kahouanne et Tête-à-l'Anglais)*, suivre les plots en bois le long de la route en direction de Sainte-Rose jusqu'au sous-bois. Après 200 m sur le sable, prendre sur la droite *(carbet : abri en bois sans mur, typique des cultures amérindiennes)*. Le sentier conduit sur un cordon dunaire séparant la mer d'une mare. Traverser un petit bras de mer *(observer les mangles médailles reliques de la zone humide d'arrière-plage)*.

2 Prendre les escaliers sur la droite en direction de la pointe Allègre. Passer près des tables-bancs et profiter de la vue sur l'anse des Îles. À la fin de la plage, traverser une ravine *(ancien site de prélèvements de sable)*. À droite du sentier, remarquer les mamens *(arbuste des lieux marécageux en arrière de la mangrove)* dans une zone humide, arbre aux formes biscornues. Passer entre les blocs pour rejoindre le site de la pointe Allègre. Prendre à droite vers les champs et arriver sur l'anse du Petit Fort. Longer le littoral en passant au milieu des enrochements entre la prairie et la plage *(mare sur la droite)*.

3 Traverser la jonction entre eau douce et eau de mer, laisser les piscines naturelles creusées dans la caye *(banc de corail érodé)* sur la gauche pour rentrer dans le bosquet composé de poiriers, de raisiniers, d'amandiers.

4 Près de la passerelle, le Conservatoire du littoral propose un panneau d'information sur le site. Longer l'anse Nogent. Au bout de la plage, suivre la direction de la pointe Nogent vers le sous-bois. À la pointe, poursuivre en direction d'anse Vinty *(point de vue sur les îlets blancs de Carénage, Antigua)*.

5 Descendre sur la caye sur 20 m puis rejoindre le bosquet. Après avoir longé l'anse Vinty, prendre la direction de la plage des Amandiers. Au bout de la plage, le sentier monte et débouche sur un chemin empierré. Prendre à gauche sur 250 m pour arriver sur la route. Encore à gauche, rejoindre le parking des Amandiers.

6 Le retour se fait par le même itinéraire.

PR® 1

FACILE

3H • 8KM

S SITUATION
plage de Clugny, à 8 km au nord-ouest de Sainte-Rose par la N 2

P PARKING
sous les poiriers-pays, le long de la plage

/ DÉNIVELÉE
altitude mini et maxi, dénivelée cumulée à la montée

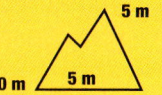

B BALISAGE
jaune
poteaux directionnels

! DIFFICULTÉS !
• itinéraire en aller / retour
• attention aux mancenilliers (dont le suc et les fruits sont très toxiques) : ne pas s'y abriter en cas de pluie

À DÉCOUVRIR...

> En chemin :
• point de vue sur l'îlet à Kahouanne, la Tête-à-l'Anglais, l'îlet Blanc
• pointe Allègre, aire de pique-nique, baignade, prairie

> Dans la région :
• Deshaies : plage de Grande Anse, jardin botanique
• Sainte-Rose : domaine de Séverin, musée du Rhum, visite en kayak des îlets du Grand Cul-de-Sac marin depuis Morne Rouge, rando équestre (poney-club des Deux-Ilets)
• piton Sainte-Rose
• Desbonnes
• Solitude

Le **littoral** de **Deshaies**

FACILE

2H30 • 5KM

Cette balade vous plongera dans l'histoire avec les vestiges de la route coloniale et vous fera découvrir deux sites d'intérêt écologique majeur : la plage de Grande Anse et le Gros Morne.

1 Du parking de l'école primaire du bourg de Deshaies, s'engager dans le sentier qui, en direction du nord, monte régulièrement jusqu'au sommet du Gros Morne *(vues sur la pointe Batterie et l'anse de Deshaies).*

Ce site écologique est essentiel pour ses richesses et sa diversité forestière liées aux variations de l'exposition, de la nature des sols et des pentes. Le Gros Morne abrite une forêt xérophile de toute beauté, mais aussi une futaie regroupant des arbres de plus de 20 m de haut tels que le gommier rouge, le tendre à caillou, le fromager, le bois d'Inde, le figuier…

Après une descente en lacets, parvenir à une plateforme aménagée (observer les canons du XVIIIᵉ siècle ; cette batterie faisait partie du système de défense de la commune qui, jusque-là, était régulièrement attaquée par les Anglais).

2 Poursuivre vers la plage de Grande Anse *(avec ses 1,8 km de long, elle présente une remarquable formation forestière composée de galbas, de raisiniers, de poiriers, et un sous-bois de bois-cabri, de merisiers petites feuilles).*

3 Au bout de la plage, emprunter le tracé de l'ancienne route coloniale *(chemin de terre où subsiste çà et là un dallage en pierres volcaniques).* La route longe le littoral *(vue sur Gadet, Grande Anse et Gros Morne).*

4 À la pointe le Breton, suivre le tracé de l'ancienne route nationale, puis passer sur la plage de la Perle pour atteindre le parking **5**.

S SITUATION
Deshaies, à 53 km au nord de Basse-Terre par la N 2

P PARKING
à l'école primaire de Bethsy

/ DÉNIVELÉE
altitude mini et maxi, dénivelée cumulée à la montée

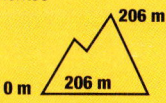

206 m

0 m   206 m

B BALISAGE
jaune

! DIFFICULTÉS !
• ascension du Gros Morne
• prévoir un véhicule à l'arrivée pour le retour

À DÉCOUVRIR...

> En chemin :
• point de vue sur les îlets (Kahouanne...)
• vestiges de l'époque coloniale
• flore du littoral
• plage de Grande Anse

> Dans la région :
• Deshaies : jardin botanique, montagne aux Orchidées, poney-club des Deux-Ilets
• Sainte-Rose : jardin créole de la Guadeloupe, kayak des mers (Tam Tam pagaie), visite de la Mangrove, musée du Rhum, distillerie Séverin, centre équestre, excursions à l'îlet Caret

TÊTE-À-L'ANGLAIS
(MELOCACTUS INTORTUS) /
DESSIN N.L.

LES 50 PAS DU ROY

Dès l'origine de l'occupation française, l'État s'est réservé sur le littoral des îles colonisées, une bande de 50 pas appelée « 50 pas du Roy » ou « 50 pas géométriques ». Cette zone d'une largeur de 81,20 m devait servir aux besoins de la défense, à la création des villes, des bourgs et des paroisses. Cette disposition a permis qu'une grande partie des rivages de l'archipel guadeloupéen soit préservée des constructions sauvages et autres occupations humaines anarchiques. Cependant, au fil des siècles, cet espace a été progressivement occupé soit de façon sauvage, et illégale par conséquent, soit dans le cadre de concessions ou d'autorisations en principe

BATTERIE DE DESHAIES / PHOTO L.S./PNG

temporaires accordées à des entreprises, ou plus rarement à des particuliers. Afin de permettre une meilleure protection et une meilleure gestion des côtes, l'État a entrepris de régulariser la situation de nombreux occupants illégitimes.

LES LUTTES FRANCO-ANGLAISES

Durant près d'un siècle, l'île de la Guadeloupe n'a cessé de faire l'objet de violents affrontements entre Français et Anglais. En 1691, les marins anglais s'emparent de Marie-Galante puis débarquent à l'anse à la Barque sur la côte ouest de la Guadeloupe avant d'incendier Basse-Terre. Ils sont chassés grâce à des renforts venus de la Martinique. En 1703, les Anglais tentent une fois encore de conquérir la Guadeloupe en prenant le fort Saint-Charles (aujourd'hui fort Delgrès) et en occupant la ville de Basse-Terre.

Durant la guerre des Sept Ans, opposant la France à l'Angleterre, les Britanniques attaquent de nouveau la Guadeloupe en 1759. Cette fois l'occupation anglaise dure quatre années pendant lesquelles l'île connaît un véritable âge d'or économique. De cette période, elle conservera d'ailleurs une avance importante dans la production sucrière. En raison de cette prospérité, le gouvernement britannique hésitera lors du Traité de Paris en 1763 à céder la Martinique et la Guadeloupe à la France, et à garder en échange… le Canada.

Littoral de Deshaies / PHOTO R.M.

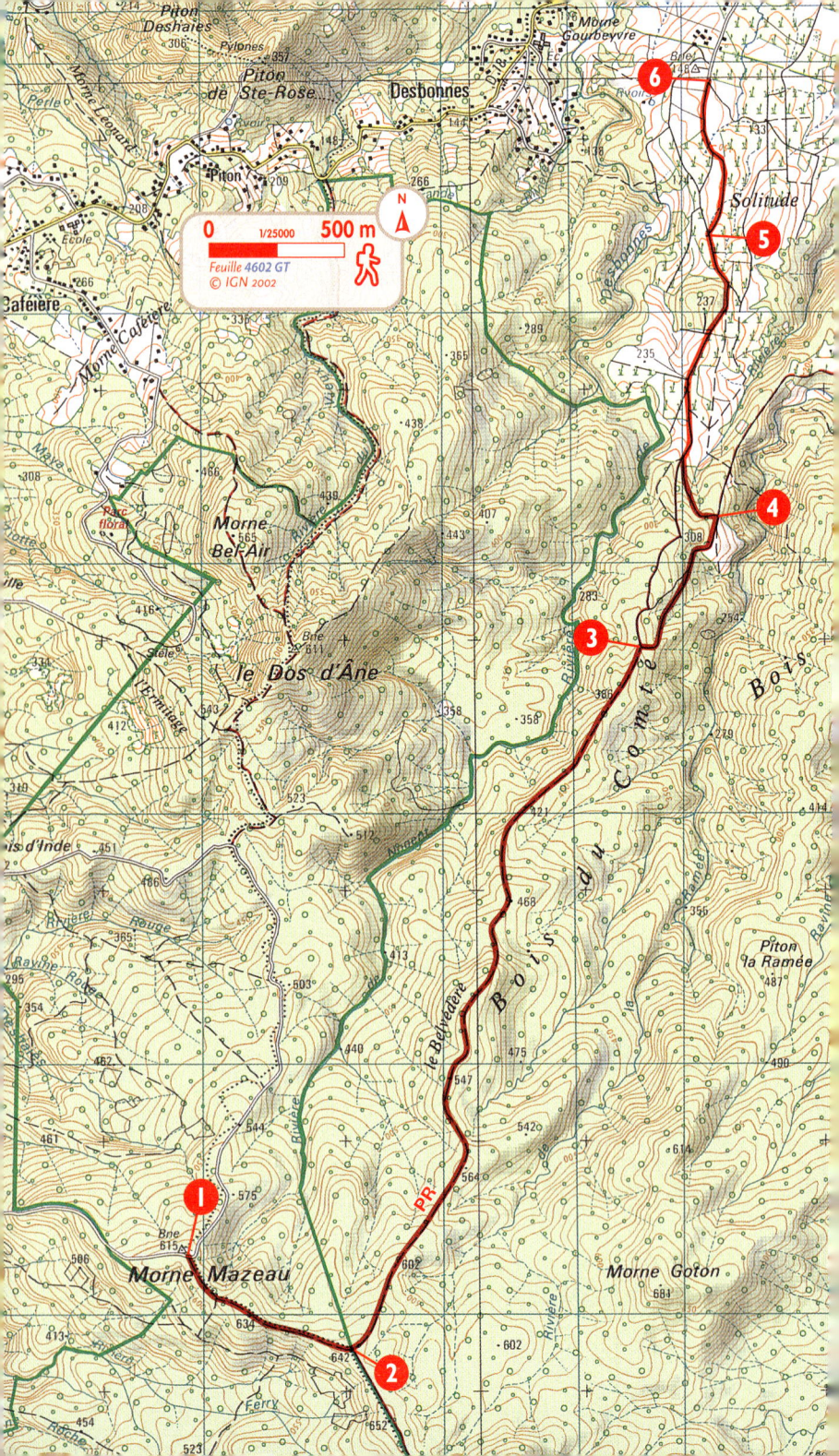

Solitude

PR® 3

FACILE

2H30 • 6,5KM

Laissez-vous porter du morne Mazeau (615 m) à Solitude, les paysages au départ et à l'arrivée sont grandioses et les couleurs éclatantes par temps ensoleillé !

1 Avant de partir, se rendre au bout de l'aire d'accueil au niveau des carbets *(abris en bois sans mur, typiques des cultures amérindiennes ; ils sont en général conçus pour facilement y attacher des hamacs)* pour admirer la vue de la Côte-Sous-le-Vent. Le départ de la trace se trouve en lisière de forêt face aux carbets. S'engager dans la forêt dense humide. Après 200 m, ignorer un sentier descendant à droite et continuer tout droit *(observer les plants d'igname de part et d'autre du sentier).* Atteindre une bifurcation *(point culminant du sentier, 642 m, et limite de la forêt départementalo-domaniale que l'on quitte).*

ANANAS-MONTAGNE
(PITCAIRNIA BIFRONS) /
DESSIN N.L.

2 Obliquer à gauche *(en allant tout droit, possibilité de rejoindre Baille-Argent 1 h 30 et Sofaïa en 2 h).* Descendre ainsi longuement dans la forêt humide puis semi-humide du bois du Comté *(attention certains passages sont glissants)* et arriver à une bifurcation.

3 Tourner à droite en direction de Bellevue sur 600 m. Gagner un croisement au niveau d'une clairière.

4 Prendre à gauche en direction de Solitude et parvenir en lisière de bois. Aller en face pour traverser les champs sur une piste en terre rouge vallonnée, avec comme paysage de fond le Grand Cul-de-Sac Marin, la pointe Allègre en face et les îlets sur la droite. Continuer tout droit en suivant la direction Solitude - Duzer. Atteindre un carrefour dans un champ.

5 Quitter la route pavée en bifurquant à droite. Environ 400 m plus loin, prendre à gauche et rejoindre une route à Solitude, fin de la balade **6**.

S SITUATION
Morne Mazeau, à 4 km au sud-est de Deshaies par la N 2

P PARKING
aire d'accueil au sommet du Morne

/ DÉNIVELÉE
altitude mini et maxi, dénivelée cumulée à la montée

642 m
148 m / 292 m

B BALISAGE
jaune

! DIFFICULTÉS !
• descente glissante par endroits
• circuit linéaire : prévoir un second véhicule

À DÉCOUVRIR...

> En chemin :
• aire de pique-nique
• forêt humide et semi-humide
• point de vue sur la Côte-sous-le-vent et le Grand Cul-de-Sac Marin

> Dans la région :
• Deshaies : jardin botanique, montagne aux Orchidées, poney-club des Deux-Ilets
• Sainte-Rose : jardin créole de la Guadeloupe, kayak des mers (Tam Tam pagaie), visite de la Mangrove, musée du Rhum, distillerie Séverin, Sofaïa, centre équestre, excursions à l'îlet Caret

LA FOUGÈRE ARBORESCENTE

Cyathea arborea est l'une des 270 fougères présentes en Guadeloupe. Elle se rencontre aussi au Venezuela et au Mexique. Son tronc, qui peut atteindre jusqu'à 15 mètres de hauteur, porte à son sommet un bouquet de feuilles dénommées frondes. Certains artisans utilisent ce tronc spongieux pour confectionner des objets décoratifs : pots à fleurs, tuteurs pour plantes, lampes, etc.

FOUGÈRES ARBORESCENTES / PHOTO PNG.

LA MULÂTRESSE SOLITUDE 1772-1802

La mulâtresse Solitude est née en Guadeloupe, dans la commune du Carbet-de-Capesterre. Elle fut convoitée par les maîtres pour sa beauté. Après le marronnage de sa mère qui n'avait pas pu l'emmener dans sa fuite, elle fut élevée dans la grande case des maîtres, à la manière des autres mulâtres, qui servaient d'intermédiaires entre les Noirs et les Blancs. En 1790, Napoléon Bonaparte rétablit l'esclavage ce qui déclenche de nombreuses insurrections dans l'île. C'est à cette époque que Solitude entra en marronnage au côté de ses compagnons de guerre. Pendant l'épopée de Delgrès et Ignace en 1802, ils menèrent bataille sans relâche. Lors du dernier assaut donné par les hommes du général Richepance, la bataille fit rage jusqu'à ce que Delgrès fit exploser l'habitation. Solitude, grièvement blessée, fut capturée et condamnée à mort. Enceinte, elle fut exécutée au lendemain de son accouchement. Le mystère plane encore sur le devenir de son enfant… Une statue fut érigée en sa mémoire en 1999, au carrefour giratoire de la Croix.

VUE DE L'ITINÉRAIRE SOLITUDE / PHOTO R.V.D.P./ONF

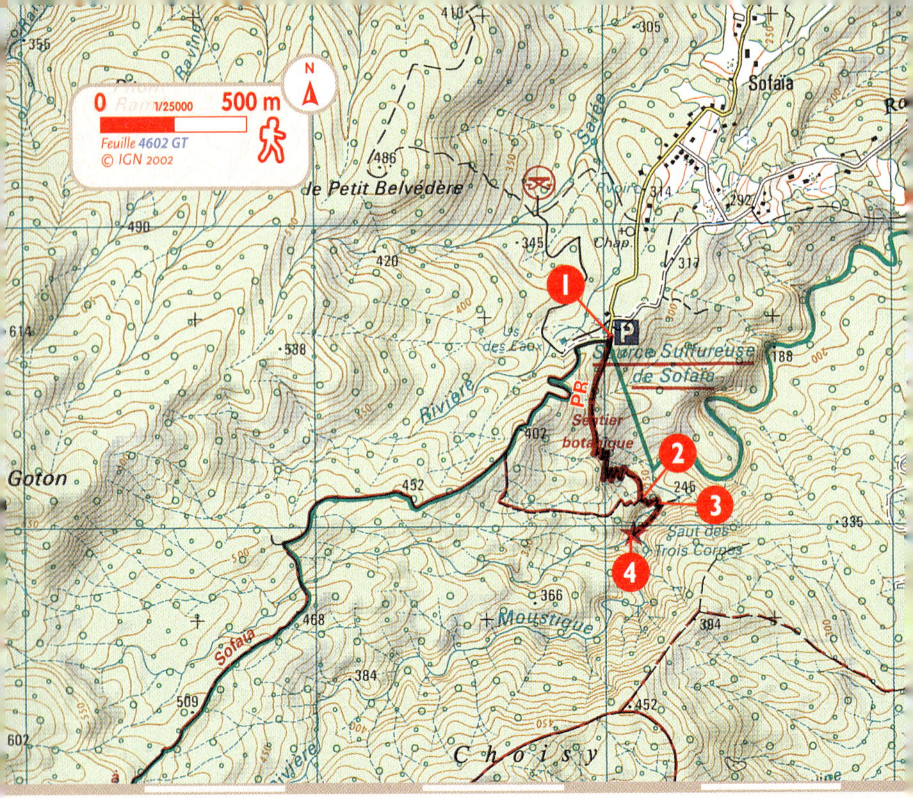

FAUNE ET FLORE
LIANES ET ÉPIPHYTES

En forêt tropicale, ce qui frappe le randonneur, c'est le specta-culaire enchevêtrement d'arbres, de lianes et de plantes épiphytes qui en font un milieu très complexe. Des cen-taines d'espèces de plantes suspen-dues utilisent le support des arbres et de leurs branches pour se développer. Les lianes montent ainsi vers la lumière au fur et à mesure que croissent les arbres auxquels elles sont accrochées. Présentes dans toutes les strates végétales, les épiphytes s'accrochent partout, sans jamais se nourrir des arbres sur lesquels elles reposent. On y trouve par exemple l'ananas-bois, le tillandsia, les siguines, certaines orchidées et quelques fougères.

SAUT DES TROIS CORNES / PHOTO ONF

Le **saut** des **Trois Cornes**

FACILE

2H30 • 3KM

Un circuit botanique permettant de découvrir la forêt dense humide avec ses grands arbres, ses lianes et ses épiphytes. Après la balade, prenez une douche en plein air sous les eaux sulfureuses de Sofaïa.

SIGUINE ROUGE
(*ANTHURIUM HOOKERI*) *l*
DESSIN N.L.

S **SITUATION**
Sofaïa, à 6 km au sud-ouest de Sainte-Rose par la D 19

P **PARKING**
aux bains de Sofaïa

/ **DÉNIVELÉE**
altitude mini et maxi, dénivelée cumulée à la montée

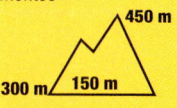

450 m
300 m / 150 m

B **BALISAGE**
jaune

! **DIFFICULTÉS !**
• montée raide
• passage de rivière, boue

1 Au départ de l'itinéraire, s'engager sur le sentier de droite *(circuit botanique)*. Passer au pied d'un énorme acomat boucan. À l'intersection avec un ancien tracé, rester à droite en montant les marches. Après une descente en lacets, emprunter une passerelle en bois. Franchir une petite ravine.

> Respecter les lacets : les raccourcis provoquent la dégradation des sols.

2 Après une courte montée dans les rochers, arriver à une intersection. Prendre à gauche au niveau de deux panneaux « Saut des Trois Cornes » qui se font face.

3 Arriver près de la rivière. Descendre les marches au niveau du panneau « Saut des Trois Cornes » puis traverser la rivière. Arriver sur l'autre rive. Reprendre le sentier à droite pour arriver à la cascade.

> Si le courant paraît fort et rend la traversée difficile, ne pas hésiter à renoncer et revenir sur ses pas.

4 Le retour se fait par le même itinéraire. Possibilité de faire une boucle en prenant à gauche en **2** sur le chemin du retour (trajet plus long).

LIBELLULE (*ARGIA CONCINNA*) *l* PHOTO F.C./ONF

À DÉCOUVRIR...

En chemin :
• parcours de découverte de la forêt du nord Basse-Terre

> Dans la région :
• Sainte-Rose : jardin créole de la Guadeloupe, kayak des mers, visite de la mangrove, musée du Rhum, distillerie Séverin
• Deshaies : jardin botanique

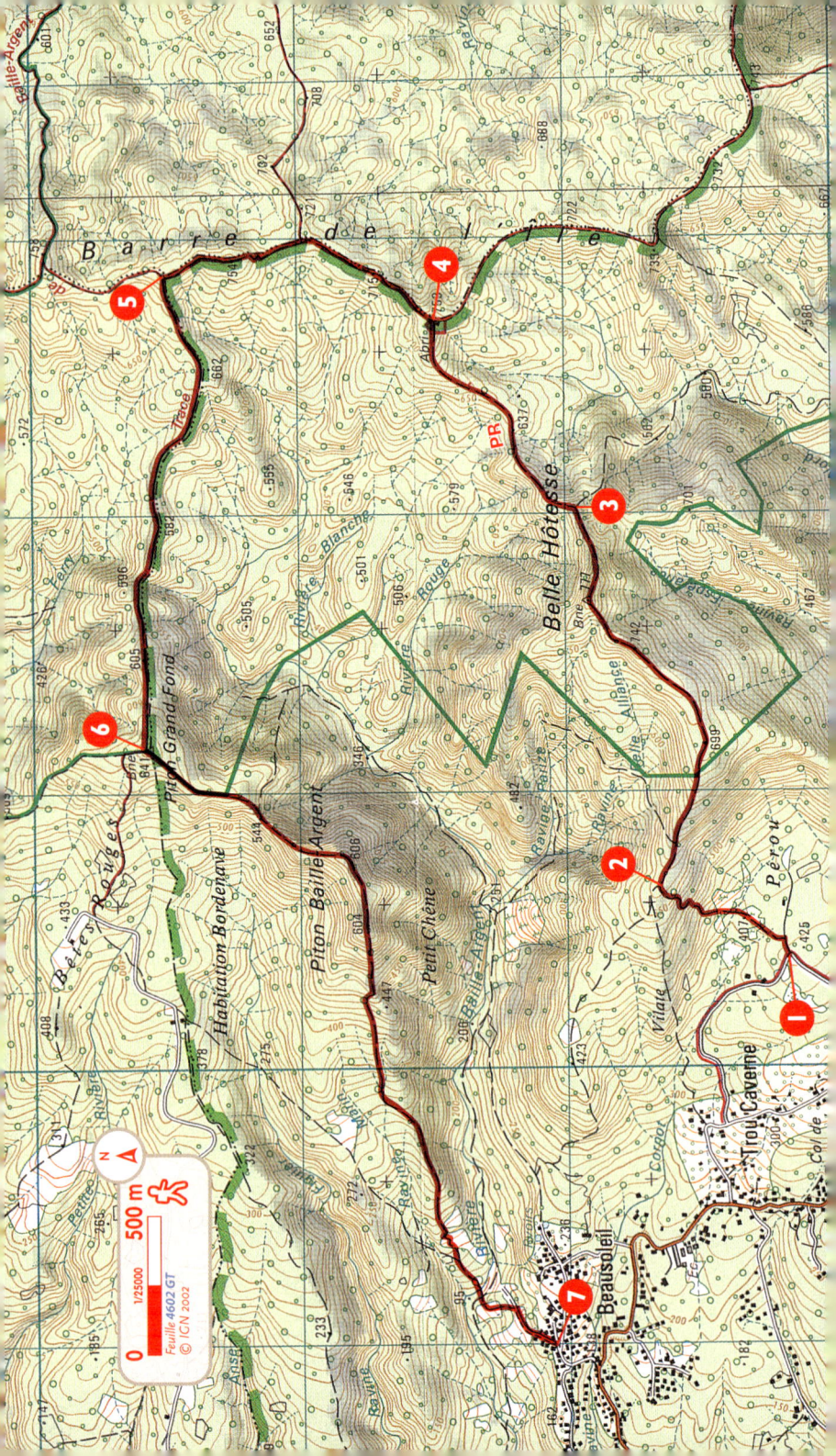

Le **piton** Baille-Argent

DIFFICILE

6H • 9,5KM

Depuis la Côte-sous-le-Vent, cet itinéraire sportif donne accès à la Barre de
l'Île, au refuge de Belle Hôtesse, et
plonge le randonneur au cœur de la
Basse-Terre !

1 Dans le virage, s'engager dans
le chemin de graviers et, après 30 m,
prendre à gauche sur le sentier enherbé.
Monter sur 500 m *(135 m de dénivelée)*
pour atteindre le haut du morne.

2 Virer à droite en direction de Belle
Hôtesse - Sofaïa. Ignorer un sentier
venant de gauche, puis pénétrer dans la
forêt départementalo-domaniale (FDD).
Par le sentier en crête, rejoindre le
piton de Belle Hôtesse qui culmine à
777 m.

BALISIER
*(HELICONIA
CARIBEA)* /
DESSIN N.L.

3 Garder la direction et gagner un carrefour sur la Barre de l'Île qui
traverse la Basse-Terre du nord au sud par les crêtes. En face, un refuge
marque la limite de la zone périphérique du Parc national de la Guadeloupe.

4 Poursuivre sur le sentier qui part à gauche. À l'embranchement avec
le sentier de Tête Allègre, continuer tout droit *(en prenant à droite, possibilité de rejoindre Sofaïa en 3 h)*. Après environ 600 m, atteindre un nouveau
carrefour *(point de vue sur la mer et Gros Morne)*.

5 Prendre à gauche ; le sentier suit la limite de la zone périphérique du
Parc jusqu'au piton Grand Fond.

6 S'engager sur le sentier qui monte sur la gauche. Ignorer un sentier
descendant à gauche, puis dépasser le piton Baille-Argent pour continuer
la descente en crête jusqu'à la rivière Baille-Argent. La traverser *(faire une
pause rafraîchissante !)* et rejoindre la route à Beausoleil **7**.

VÉGÉTATION DENSE VERS BELLE HÔTESSE / PHOTO R.V.D.P./ON

S SITUATION
Trou Caverne, à 2 km au
nord-est de Pointe-Noire
par la N 2

P PARKING
sur le chemin de gravier
(virage) à Pérou

/ DÉNIVELÉE
altitude mini et maxi,
dénivelée cumulée à la
montée

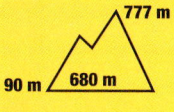

777 m

90 m / 680 m

B BALISAGE
jaune

! DIFFICULTÉS !
• montée raide au départ
• passages boueux
• circuit linéaire : prévoir
un second véhicule

À DÉCOUVRIR...

> **En chemin :**
• forêt humide
• point de vue
• baignade en rivière

> **Dans la région :**
• Sainte-Rose : jardin
créole de la Guadeloupe,
kayak des mers (Tam
Tam pagaie), visite de
la mangrove, musée du
Rhum, distillerie Séverin
• Deshaies : jardin
botanique, montagne aux
Orchidées, poney-club
des Deux-Ilets

LES « NÈGRES-MARRONS » (NÈG-MAWON)

Capturés sur les côtes d'Afrique et transportés de force dans les cales des bateaux négriers, beaucoup de Noirs, une fois parvenus dans les îles d'Amérique, n'aspiraient qu'à une chose : recouvrer la liberté.

Esclaves en fuite des habitations ou rescapés du naufrage d'un navire négrier, les « nègres-marrons »* trouvaient dans le massif montagneux de la Basse-Terre un refuge idéal.

Entre la première abolition de 1794, et celle, définitive, de 1848, les esclaves « en état de marronnage » érigèrent en pleine forêt plusieurs dizaines de camps à la recherche desquels se lançaient, accompagnés de chiens, les fameux « chasseurs des bois »…

Grâce aux noms aujourd'hui conservés par certains lieux, la forêt guadeloupéenne résonne encore des bruits de cette époque difficile.

* marron : de l'espagnol *cimarron* (esclaves en fuite)

LE JARDIN CRÉOLE

AMBIANCE DANS UN JARDIN CRÉOLE / PHOTO J.-B.S./ONF

Le nom de jardin créole est donné à une petite étendue de terre réservée à la culture de diverses espèces végétales. Sur un même lopin de terre se côtoient différentes variétés de légumes ou autres fruits, mais aussi des condiments nécessaires à la cuisine locale : piments, thym, oignon-pays. Quelques plantes médicinales y poussent aussi, c'est le cas du basilic, thé-pays…

Souvent, les jardins créoles se situent à flanc de montagne ou sur d'autres petites parcelles non utilisées pour les cultures d'exploitation habituelles (banane, canne à sucre…).

L'origine de ces jardins n'est pas exactement connue, mais tout laisse à penser que les premiers jardins créoles ont vu le jour sur les terres situées à proximité des cases à nègres, pendant l'esclavage.

TRAVERSÉE DE RAVINE / PHOTO ONF

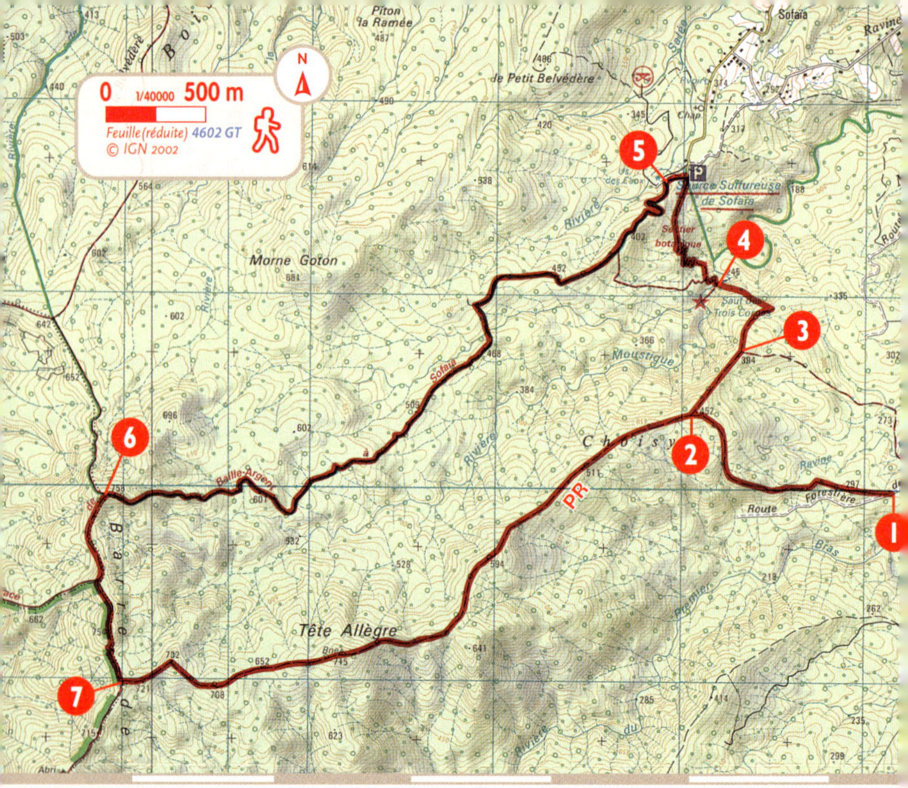

0   1/40000   **500 m**

PATRIMOINE
SOURCES DE SOFAÏA

Sur les contreforts montagneux, au cœur de la végétation exubérante, se niche la source sulfureuse de Sofaïa, apparue lors du tremblement de terre de 1843. Ses eaux, aux propriétés curatives certaines, recommandées pour tous ceux qui souffrent de rhumatisme ou d'arthrite, peuvent atteindre 31 °C. Dès 1852, un bassin fut construit pour canaliser ces eaux. Le site devient alors un lieu de baignade très apprécié, de jour comme de nuit, par les populations locales. Le bassin est maintenant remplacé par des douches.

LES DOUCHES DE SOFAÏA / PHOTO C.F./ONF

La **boucle**
Tête Allègre - Sofaïa

Itinéraire empruntant des milieux variés, aquatique avec les traversées de rivière, et offrant des points de vue sur le Grand Cul-de-Sac Marin depuis les crêtes.

TREMBLEUR BRUN
(CINCLOCERTHIA
RUFICAUDA) /
DESSIN P.R.

1 Sur la droite de la route forestière de la Muraille, emprunter un chemin argileux *(plantation de vanille sur la droite en sous-bois sur 200 m)*. Monter jusqu'à une bifurcation sur la crête.

2 Par la droite, rejoindre une nouvelle bifurcation.

3 Laisser sur la droite la boucle de Choisy, et descendre à gauche jusqu'au lit de la rivière Moustique *(suivant la saison, la descente peut être glissante !)*. Au bas de la pente, bien obliquer à droite, puis remonter le lit de la rivière sur la gauche pendant 50 m avant de retourner dans la forêt. Traverser la rivière *(attention aux risques de montée des eaux en saison des pluies et aux roches glissantes, mettre les pieds dans l'eau)*.

4 S'engager sur la droite après le passage du cours d'eau. Par un sentier botanique en lacets, rejoindre l'aire d'accueil de Sofaïa. Laisser sur la droite les sources chaudes de Sofaïa et se diriger sur le chemin empierré bordé par une plantation de mahogany *(direction Baille-Argent)*.

5 Entrer dans la forêt dense humide sur la gauche en laissant en face une piste forestière enherbée. Monter et descendre pendant environ 4 km *(quatre passages de ravines)*. Après la dernière ravine, amorcer une montée et parvenir à un sommet *(758 m)*.

6 Se diriger sur la gauche *(direction Baille-Argent / Belle Hôtesse)* par la Barre de l'Île *(sentier qui traverse la Basse-Terre du nord au sud par les crêtes ; observer la végétation d'altitude dont le mangle montagne)*. Arriver à un croisement. Continuer en face, direction Belle Hôtesse, en empruntant un sentier plus étroit qui descend en lacets. Atteindre une bifurcation.

7 S'engager à gauche, direction Tête Allègre *(attention montée puis descente raides)*. Au sommet de la Tête Allègre, continuer tout droit. Après environ 4 km, rejoindre une bifurcation de l'aller.

2 Descendre par le sentier à droite pour rejoindre le départ.

PR® 6

DIFFICILE
6H • 12KM

S SITUATION
La Boucan, à 7 km au sud-est de Sainte-Rose par la N 2

P PARKING
au bord de la piste forestière de la Muraille, à l'ouest de la Boucan

↗ DÉNIVELÉE
altitude mini et maxi, dénivelée cumulée à la montée

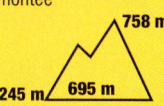

758 m

245 m / 695 m

B BALISAGE
jaune

! DIFFICULTÉS !
• passages boueux
• montée raide

À DÉCOUVRIR...

> En chemin :
• plantation de vanille, plantation de Mahogany
• circuit botanique
• point de vue sur le Grand Cul-de-Sac Marin

> Dans la région :
• Sofaïa : les bains soufrés de Sofaïa
• Sainte-Rose : jardin créole de la Guadeloupe, musée du Rhum, distillerie Séverin, visite de la mangrove

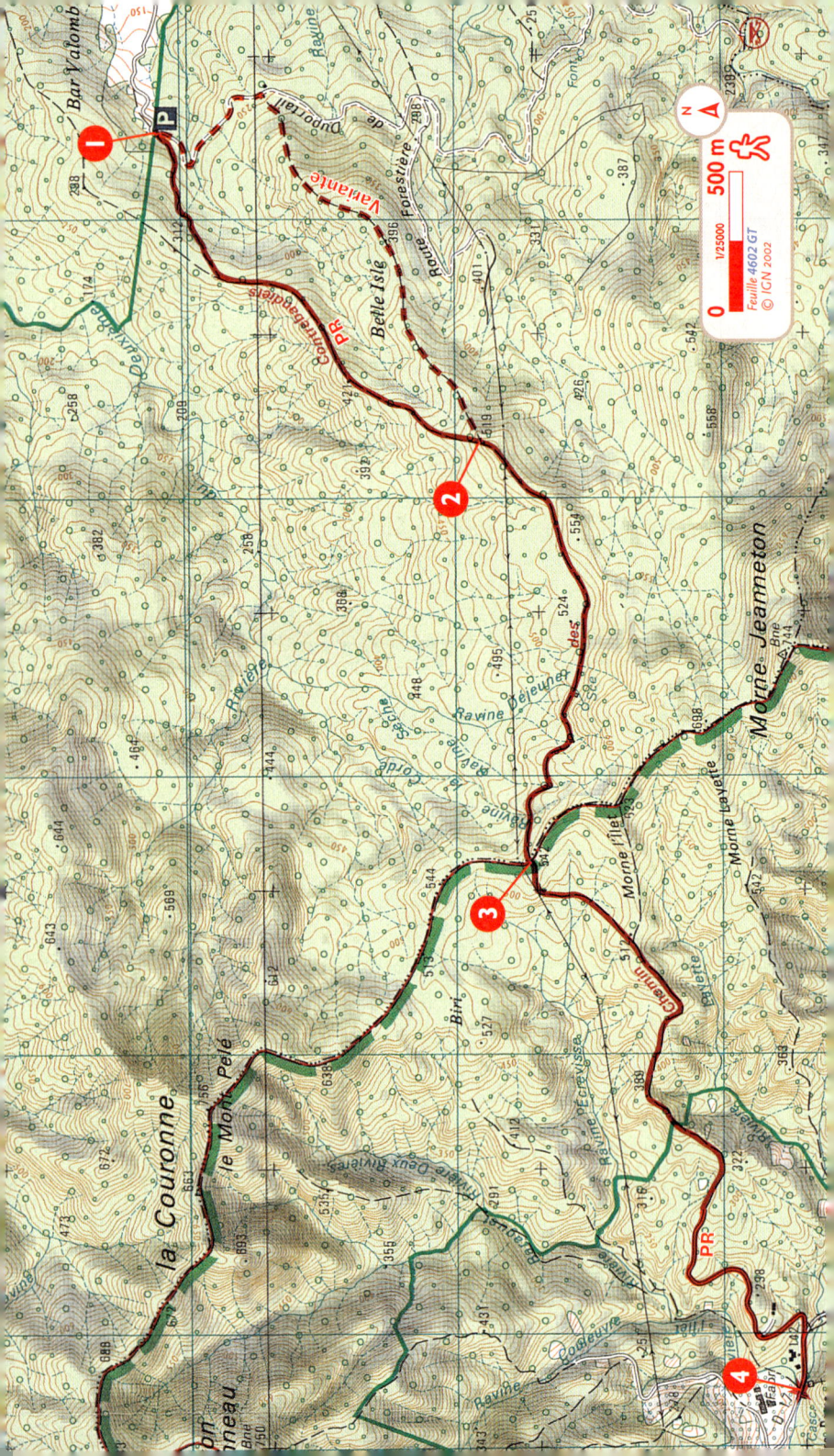

La **trace** des **Contrebandiers**

Traversez le massif de la Basse-Terre d'est en ouest en découvrant les plantations de mahogany et la diversité des paysages forestiers. Cette trace tient son nom du trafic clandestin de rhum et de tabac qui s'y déroula durant tout le XIXe siècle.

1 La trace débute derrière le parking et monte régulièrement jusqu'au pylône électrique. Traverser la plantation de mahogany. Le sentier croise quelques layons de parcelles de l'ONF *(fougères arborescentes ravagées par la fourmi manioc ; remarquer d'énormes touffes de siguine* (Philodendron giganteum) *dressées vers le ciel)* et, 100 m avant le pylône, arrive à un embranchement.

> Variante de descente : une trace non balisée à gauche descend sur la route forestière de Duportail ; l'emprunter à gauche pour retrouver le parking.

2 Passer sous la ligne à haute tension et poursuivre dans la forêt plus humide. Le sentier traverse quatre ravines *(gros palétuviers jaunes, avec leurs racines en échasse retombant d'un tronc jaunâtre, bien élancés pouvant atteindre plus de 30 m de haut)* et grimpe jusqu'au col.

> Intersection avec la trace Morne Léger - Morne Mazeau. La suivre à droite jusqu'au pylône pour dominer la vallée des Plaines.

3 Au col, descendre tout droit. D'abord forte, la descente devient plus douce et arrive à l'extrémité de la route bétonnée *(condamnée par un glissement de terrain dans sa partie supérieure).*

> Attention aux glissades sur le béton humide.

Après le glissement de terrain, continuer la descente par la route sur 1 km, puis gagner la chapelle et le calvaire des Larmes avec son petit canyon **4**.

Anoli /
photo PNG

S SITUATION
route forestière de Duportail (commune de Sainte-Rose), à 10 km au sud-est du bourg par les N 2 et route de Duportail

P PARKING
au départ de la route forestière

🖊 DÉNIVELÉE
altitude mini et maxi, dénivelée cumulée à la montée

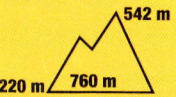

542 m

220 m / 760 m

B BALISAGE
jaune

❗ DIFFICULTÉS !
• passages boueux et rocheux pouvant être glissants
• raidillons
• circuit linéaire : prévoir un véhicule pour le retour

À DÉCOUVRIR...

> En chemin :
• plantation de mahogany
• fougères arborescentes
• points de vue

> Dans la région :
• Pointe-Noire : Maison du Bois, parc aquacole, artisans du bois aux Plaines, musée du Coquillage, Casa vanille, Maison du Cacao,
• Sainte-Rose : jardin créole de la Guadeloupe, kayak des mers (Nature passion écotourisme), visite de la mangrove, musée du Rhum, distillerie Séverin

LE PIC DE GUADELOUPE

Melanerpes herminieri, aussi appelé « tapè » ou « toto-bois », est le seul pic sédentaire des Petites Antilles. Endémique, il ne vit nulle part ailleurs qu'en Guadeloupe où on le trouve dans toutes les formations forestières, aussi bien en forêt dense qu'en forêt sèche, ou en mangrove. Avec de la patience et un peu de chance, on peut l'apercevoir grimpant à la verticale des arbres en quête de nourriture, prenant appui sur les plumes les plus rigides de sa queue.

Son cri rauque est très caractéristique, mais il se manifeste surtout en tambourinant à grands coups de bec rapides et répétés sur les branches ou les troncs d'arbres morts (dix coups par seconde environ) afin d'y trouver les larves et les insectes dont il raffole.

Son dos est complètement noir, ses ailes ont un aspect bleu métallique, tandis que sa gorge et son ventre sont rouge sang et noir. C'est sans doute en raison de sa couleur que cet animal emblématique est longtemps resté mal aimé de la population.

PIC DE GUADELOUPE
(*Melanerpes herminieri*) / DESSIN P.R.

BÛCHERONS ET SCIEURS DE LONG

Plusieurs générations d'artisans ont vécu de l'abattage des arbres dans les hauteurs de la Côte-sous-le-Vent. Rassemblés en équipe d'une demi-douzaine d'hommes, les scieurs de long intervenaient en forêt pour « nettoyer » une pièce de bois achetée sur pied. Une fois les arbres abattus, les fûts étaient débités sur place.

Juchés sur un « chantier », sorte d'échafaudage d'une hauteur d'environ 2,20 m, les scieurs doués d'une grande habileté technique, découpaient des planches de 2,5 cm d'épaisseur. Selon la surface de forêt à éclaircir, l'opération pouvait durer plusieurs jours, au bout desquels le bois était transporté à dos d'hommes jusqu'aux ateliers des artisans.

Certains poteaux mesurant plus de 5 mètres de long, il n'était guère possible de ramener plus de vingt pièces par jour.

Sachant qu'une grande case nécessitait plus de 400 pièces, il pouvait être question de 20 jours d'acheminement au total…

PHOTO D.B./PNG

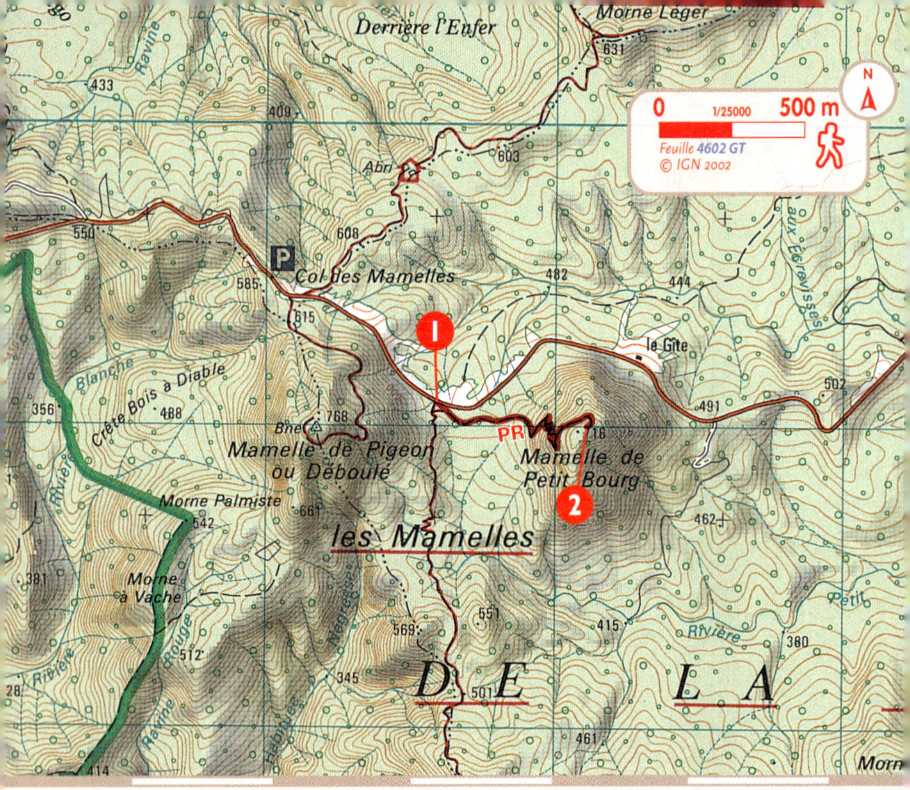

Map content includes labels: 631, 433, 409, Ravine, 603, Abri, 608, 1/25000, 500 m, Feuille 4602 GT, © IGN 2002, N, 550, 585, Col des Mamelles, 615, 482, 444, le Gîte, 502, Crête Bois à Diable, Blanche, 356, 488, Bne, 768, 491, 816, Mamelle de Pigeon ou Déboulé, Mamelle de Petit Bourg, Morne Palmiste, 661, 542, les Mamelles, 462, Morne à Vache, 381, 551, 415, 380, Rivière, 512, 569, D E L A, 345, 501, 28, 461, Rouge, Ravine, 414, Morn, PR, P, Rivière, Rivière, aux Écrevisses

LES MAMELLES

La vigueur du relief de la Basse-Terre s'explique par la relative jeunesse de son massif forestier.

Apparue il y a moins de quatre millions d'années, la chaîne montagneuse est composée de six ensembles volcano-structuraux d'âge et d'origine différents, le plus récent étant celui de la Soufrière (250 000 ans). Ce relief escarpé explique sans doute pourquoi une grande partie de l'île est longtemps restée inaccessible.

L'ensemble est en réalité issu d'un ancien volcan aujourd'hui éteint. Les Deux Mamelles sont les restes de deux pics surgis lors d'une éruption, puis érodés au fil des siècles.

LES DEUX MAMELLES / PHOTO P

La **Mamelle** de **Petit-Bourg**

Lorsque vous les apercevrez au loin, un jour où les nuages ne caresseront pas leurs flancs, vous comprendrez aisément le nom de Deux Mamelles de la Guadeloupe qui leur a été donné. La Mamelle de Petit-Bourg dresse jusqu'à 718 mètres d'altitude ses flancs recouverts d'une végétation luxuriante, caractéristique des forêts tropicales d'altitude.

1 Prendre le départ commun à la trace des Crêtes sur 50 m puis, à la bifurcation, suivre la trace à gauche.

Les traces qui gravissent les flancs des Mamelles emmènent sur des pentes livrées aux vents et aux pluies qui ont façonné une végétation basse riche en espèces rares, voire endémiques, mais très fragiles. De plus, en raison du relief, les terrains de cette zone sont sujets aux glissements, notamment lors des fortes pluies de la saison des dépressions tropicales.

Après 5 à 10 min, à travers une forêt d'altitude clairsemée, elle s'élève en lacets jusqu'au sommet.

Quelques panoramas sont à découvrir, en particulier celui de Grande-Terre avec les Petit et Grand Cul-de-Sac Marin.

2 Redescendre par la trace.

PALMISTE MONTAGNE
(*PRESTOEA MONTANA*) /
DESSIN N.L.

S **SITUATION**
D 23 (route de la Traversée), entre Pointe-Noire et Petit-Bourg, à 1,2 km après le gîte des Mamelles

P **PARKING**
bord de route

/ **DÉNIVELÉE**
altitude mini et maxi, dénivelée cumulée à la montée

716 m
560 m / 156 m

B **BALISAGE**
jaune

! **DIFFICULTÉS !**
passages glissants par temps humide

À DÉCOUVRIR...

> **En chemin :**
• points de vue, en particulier vers l'est sur Grande-Terre

> **Dans la région :**
• Maison de la Forêt
• Parc zoologique des Mamelles
• Le tapeur (parc d'aventures)

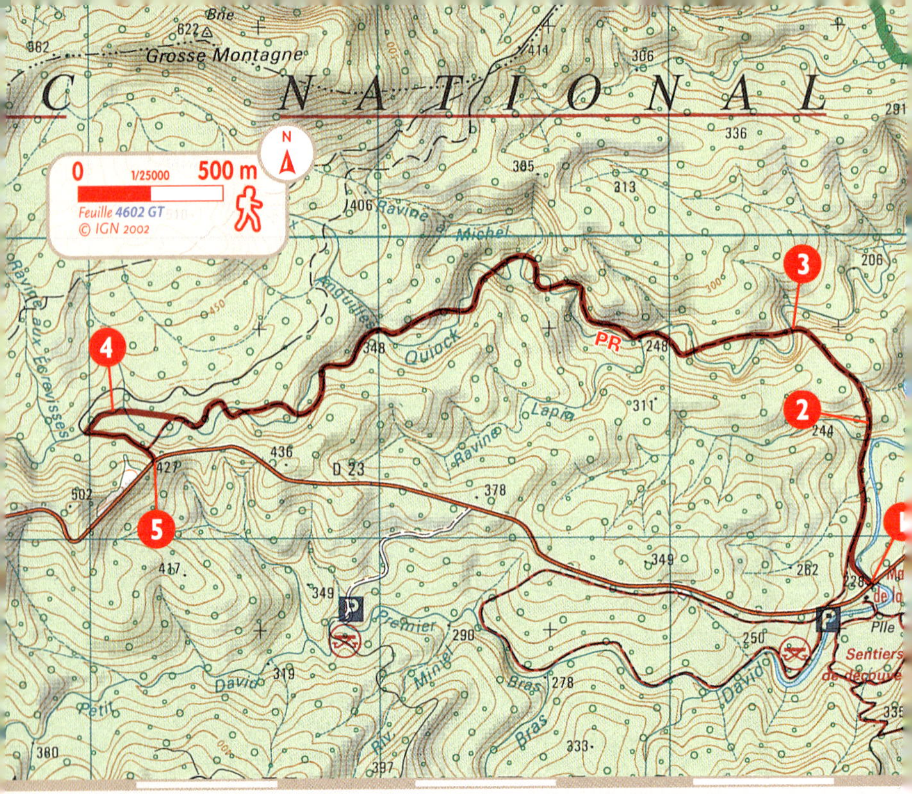

PATRIMOINE

L'ARTISANAT DU BOIS

L'exploitation forestière et l'artisanat du bois furent longtemps les principales activités des habitants de la Côte-sous-le-Vent. Dans les années 1950, une grande part de l'économie de la région provenait de cette industrie qui employait alors plusieurs milliers de personnes : scieurs de long, charpentiers, ébénistes, charbonniers, charrons, constructeurs de bateaux, etc.

Le travail du bois est aujourd'hui en déclin. Il n'y a plus ni bûcherons, ni scieurs de longs, ni fabricants d'essentes (planchettes de bois qui recouvraient toitures et façades de nombreuses maisons). Mais quelques artisans ont conservé le savoir-faire des anciens, et perpétuent la tradition en utilisant du bois importé de Guyane, souvent de meilleure qualité et surtout moins cher. À Pointe-Noire, le musée de la Maison du Bois (« L'Ile aux Bois Vivants ») offre une évocation intéressante du passé de cette région dont l'identité s'est forgée autour de l'exploitation des riches essences forestières tropicales et de leur transformation : courbaril, bois de rose, acajou, poirier, mahogany petites feuilles, etc.

ARTISAN DU BOIS
/ PHOTO C.F./ONF

La **trace** de la **rivière Quiock**

Ce parcours vous emmène au cœur de la forêt humide de la Guadeloupe. Ici, la forêt primaire, qui s'est naturellement construite au fil du temps depuis l'émergence de l'île, n'a subi aucune modification humaine importante.

FRUIT ET FEUILLE
DU COURBARIL
(*HYMENEA COURBARIL*) /
DESSIN N.L.

1 Le sentier part face au parking supérieur de la Maison de la Forêt. Suivre la trace qui descend et qui chemine le long de la rivière Bras-David. Franchir un affluent de Bras-David, continuer sur 100 m et surplomber le confluent *(à droite, petite cascade)*.

2 Quitter les bords de la rivière Bras-David pour monter sur le plateau, puis descendre vers la rivière Quiock *(Tout au long du parcours, possibilité de voir des fougères, des épiphytes et des arbres de toutes tailles s'élançant jusqu'à 35 m de hauteur pour les plus grands)*. Atteindre le bord de la rivière Quiock.

> Si l'eau est boueuse et le courant fort, ne pas hésiter à faire demi-tour.

3 Franchir la rivière Quiock à dix-sept reprises (baignade à volonté). C'est l'occasion de se rafraîchir, mais aussi d'apprécier les espèces végétales qui colonisent les berges ou encore la voûte arborée qui domine par endroits. Possibilité d'apercevoir furtivement quelques-uns des rares poissons et crevettes d'eau douce (appelées « ouassous ») qui peuplent ces cours d'eau d'altitude.

4 La trace laisse la rivière pour monter jusqu'à l'ancienne route forestière de Grosse-Montagne. Grimper l'escalier, puis suivre la piste à gauche sur 200 m et déboucher sur la route de la Traversée **5**.

> Possibilité d'effectuer une boucle en revenant par la D 23 à gauche sur 1,5 km *(prudence)*, puis par la trace des Ruisseaux qui descend à droite et qui rejoint la Maison de la Forêt.

S **SITUATION**
D 23 (route de la Traversée), entre Pointe-Noire et Petit-Bourg

P **PARKING**
Maison de la Forêt (parking supérieur)

/ **DÉNIVELÉE**
altitude mini et maxi, dénivelée cumulée à la montée

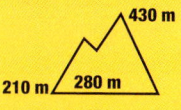

B **BALISAGE**
jaune

! **DIFFICULTÉS !**
• circuit à ne pas entreprendre en cas de risque de crue (17 traversées de rivières pouvant être glissantes)
• en cas de fort courant en **3**, ne pas s'engager dans la rivière et faire demi-tour
• passages boueux et rocheux
• circuit linéaire : prévoir un véhicule pour le retour

À DÉCOUVRIR...

> **En chemin :**
• forêt tropicale humide
• baignades

> **Dans la région :**
• Petit-Bourg : domaine de Valombreuse (jardin)
• Goyave : centre équestre de la Rose, jardin d'eau de Blonzac
• cascade aux Ecrevisses
• réserve du Grand Cul-de-Sac Marin

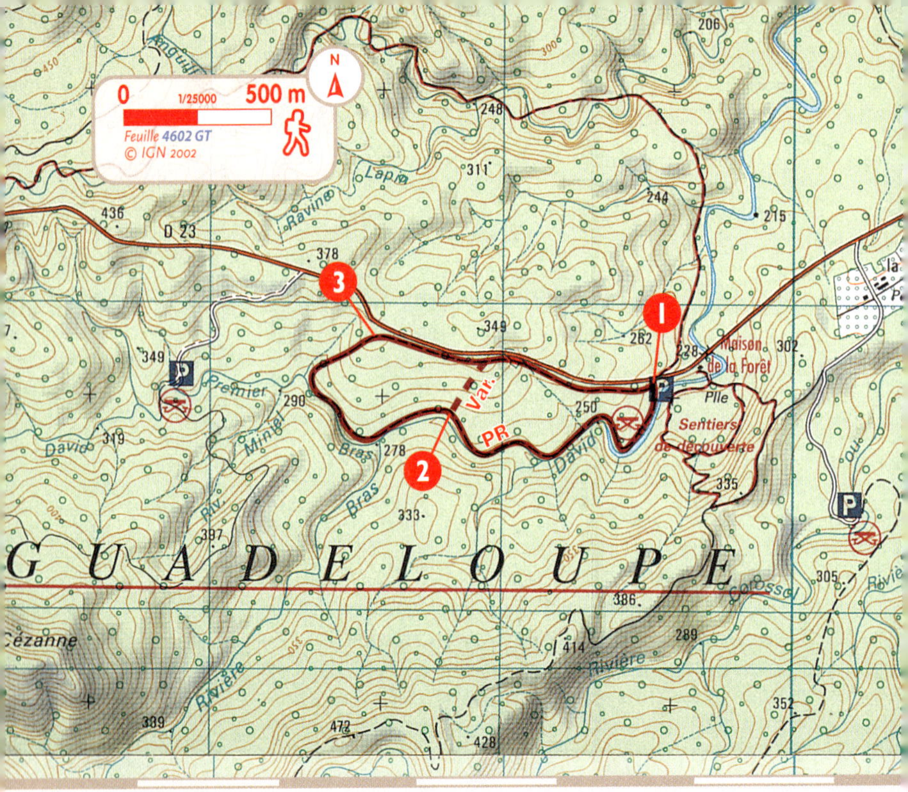

ENVIRONNEMENT

LA FORÊT DENSE HUMIDE

La Guadeloupe abrite l'une des plus belles forêts des Petites Antilles.

Étendue sur plus de 30000 hectares, elle couvre presque tout le massif montagneux de la Basse-Terre. Elle se développe entre 350 et 900 mètres d'altitude.

Il s'agit d'un milieu naturel d'une grande richesse biologique au fonctionnement complexe. S'y développent près de 300 espèces d'arbres et arbustes, 90 espèces d'orchidées, 250 fougères... Malgré la présence de quelques espèces autochtones ayant survécu aux défrichements et à une longue et précoce pratique de la chasse, la faune semble comparativement pauvre.

Plus de la moitié de la forêt guadeloupéenne est classée Parc national depuis 1989.

AMBIANCE EN SOUS-BOIS / PHOTO F.C./ONF

La **trace** des **Ruisseaux**

Tout comme la trace de la rivière Quiock, la trace des Ruisseaux, plus facile, invite à la découverte des charmes de la forêt humide de la Guadeloupe.

1 Descendre, traverser l'aire de pique-nique jusqu'à son extrémité au bord de la rivière, puis s'engager sur la trace. Au premier carrefour après le carbet, partir à gauche. Atteindre un deuxième carrefour.

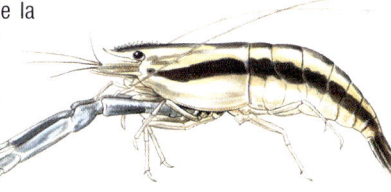

OUASSOU *(MACROBRACHIUM CARCINUS)* / DESSIN P.R.

> Variante : la trace partiellement bétonnée à droite permet d'effectuer une boucle plus courte.

2 Se diriger à gauche et arriver à un troisième carrefour *(point culminant de la trace)*.

3 Descendre à droite. La trace reste parallèle à la D 23 et ramène au parking de départ.

SPATHOGLOTTIS PLICATA,
ORCHIDÉE NATURALISÉE ORIGINAIRE D'ASIE /
PHOTO C.F./ONF

S SITUATION
D 23 (route de la Traversée), entre Pointe-Noire et Petit-Bourg

P PARKING
Maison de la Forêt (parking supérieur)

/ DÉNIVELÉE
altitude mini et maxi, dénivelée cumulée à la montée

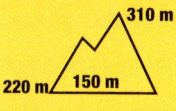

310 m

220 m 150 m

B BALISAGE
jaune

! DIFFICULTÉS !
passages boueux et rocheux pouvant être glissants

À DÉCOUVRIR...

> En chemin :
• forêt humide
• rivière
• baignade possible

> Dans la région :
• Maison de la Forêt
• hameau de Bellevue
• caféière Beauséjour
• anse Caraïbe (plongée)
• Pointe-Noire : Maison du Bois, parc aquacole, artisans du bois aux Plaines, musée du Coquillage, Casa Vanille

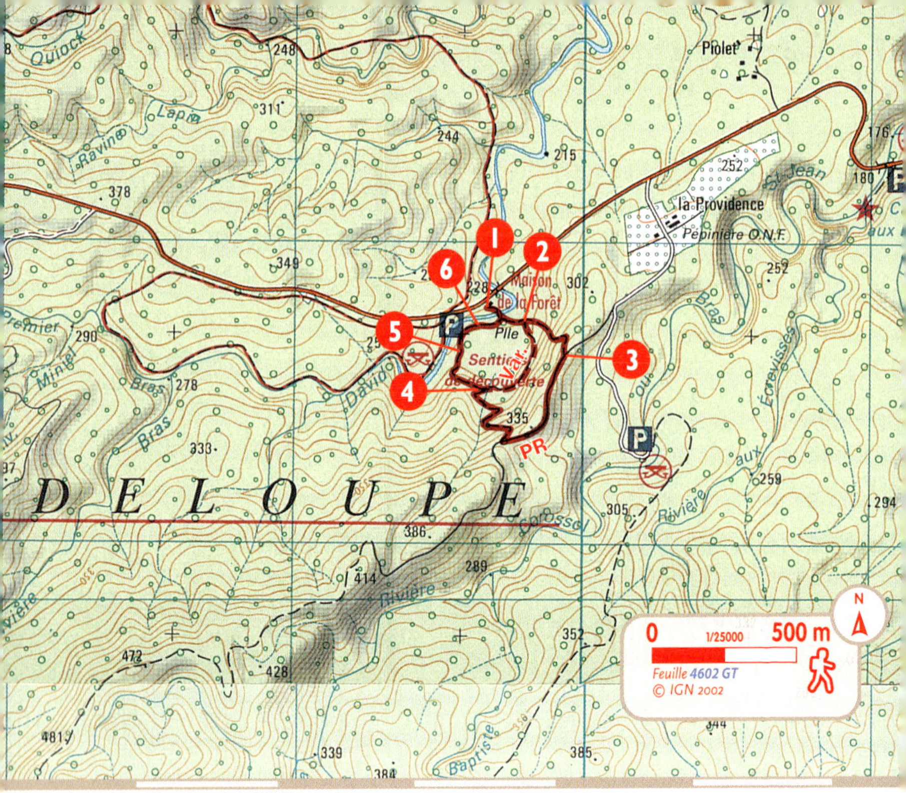

LE BOIS-JOSÉ

Le comportement du bois-josé *(Marcgravia umbellata)*, plante épiphyte appelée « bois-couille » dans le langage populaire, est suffisamment original pour être signalé.

Cette liane s'agrippe aux arbres de la forêt tropicale pour remonter vers la lumière, étalant ses feuilles de façon régulière de part et d'autre d'une tige bien droite. Parvenue dans le houppier de l'arbre, la liane se sépare du tronc-support. Les feuilles s'élargissent alors et une fleur étrange apparaît laissant pendre une corolle de petites gousses, comme des urnes pleines de nectar, très prisées des colibris. Puis la tige lance une sorte de flagelle (filament) qui plonge vers le sol et s'enracine avant de trouver un autre arbre-support et repartir à nouveau vers la lumière.

BOIS-JOSÉ / PHOTO **ONF**

Le **sentier** de la Maison de la Forêt

Ce parcours de découverte permet de plonger au cœur de la forêt tropicale humide avec ses arbres remarquables : acomats, châtaigniers pays et lianes.

SPOROPHILE ROUGE-GORGE *(LOXIGILLA NOCTIS)* / DESSIN P.R.

S SITUATION
D 23 (route de la Traversée), entre Pointe-Noire et Petit-Bourg

P PARKING
Maison de la Forêt

↗ DÉNIVELÉE
altitude mini et maxi, dénivelée cumulée à la montée

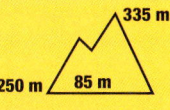

335 m
250 m / 85 m

B BALISAGE
panneaux et flèchage

1 De la Maison de la Forêt, en haut des marches, s'engager sur le petit sentier qui mène à la passerelle suspendue au-dessus de la rivière Bras-David et la franchir. Se diriger à gauche sur 100 m.

2 À la bifurcation, suivre le sentier à gauche qui s'élève à travers la forêt humide *(En prenant à droite, vous suivez le sentier botanique. Un dépliant d'information sur les espèces rencontrées est disponible à la Maison de la Forêt).*

3 En haut de la côte, à l'intersection, tourner à droite et suivre l'itinéraire fléché. Il descend en lacets à droite.

4 Au bas de la descente, retrouver le sentier initial et le prendre à gauche. Continuer sur des dalles en béton.

5 Juste après la dernière dalle, passer à droite d'un gros acomat-boucan *(ou Sloanea caribaea ; ses racines impressionnantes forment de spectaculaires contreforts).* Plus loin, laisser à gauche une énorme liane à eau *(d'environ 60 cm de circonférence, elle s'accroche à un châtaignier petites feuilles).* Poursuivre par le sentier qui surplombe, puis longe la rivière.

6 Passer au pied d'un second acomat *(chargé dans son houppier de diverses espèces végétales dont un mangle-montagne ; il s'agit bien d'un arbre et non d'une plante épiphyte : ses racines verticales se confondent avec des lianes).* Continuer par le sentier et retrouver la passerelle. La franchir à gauche et rejoindre la Maison de la Forêt.

À DÉCOUVRIR...

> En chemin :
• sentier de découverte de la forêt tropicale
• aire de pique-nique
• Maison de la Forêt (exposition permettant de mieux comprendre l'écosystème particulier traversé durant la promenade)

> Dans la région :
• parc zoologique des Mamelles, cascade aux Ecrevisses
• Petit-Bourg : domaine de Valombreuse (jardin)
• Pointe-Noire : Maison du Bois, parc aquacole, artisans du bois aux Plaines, musée du Coquillage, Casa Vanille

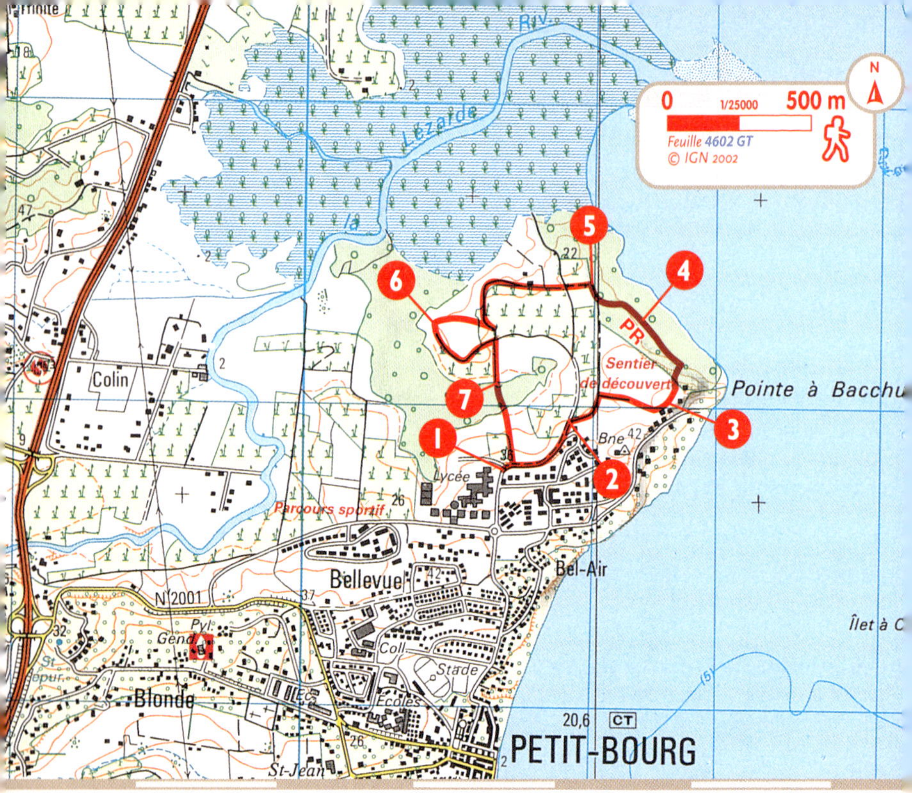

MANGROVE ET FORÊT MARÉCAGEUSE

Les milieux humides que constituent la mangrove, les forêts marécageuses et les marais herbacés occupent en Guadeloupe plus de 7 500 ha.

Ces écosystèmes particuliers sont le domaine privilégié des palétuviers dont on dénombre quatre espèces : le rouge, le noir, le blanc et le gris.

Ces milieux offrent à la faune aquatique et aviaire des sites de reproduction et de nourrissage d'une importance primordiale. De nombreux oiseaux migrateurs y trouvent un lieu de halte idéal.

Les milieux humides guadeloupéens jouent également un rôle essentiel de protection des côtes et de purification de l'eau.

FORÊT MARÉCAGEUSE / PHOTO ONF

La **pointe** à **Bacchus**

Cette randonnée située sur une propriété du Conservatoire du Littoral permet une intéressante découverte de la mangrove, des paysages et des cultures locales.

1 Au panneau d'accueil, suivre à droite la piste qui descend en direction de la pointe à Bacchus. Passer la barrière du Conservatoire du Littoral.

2 S'engager tout de suite sur la piste à droite. Environ 150 m plus loin, prendre la piste à droite qui monte sur 200 m. Tourner à gauche pour accéder au point culminant du parcours *(observer les deux panoramas : un sur l'îlet à Cabrit et l'autre sur la Basse-Terre).*

3 Continuer par la piste qui tourne à gauche devant le portail d'une maison. Après avoir laissé sur la droite un imposant mahogany, le sentier tourne à droite et descend jusqu'au bord de la mangrove en passant devant une construction.

4 Longer la mangrove sur 200 m. Le sentier remonte alors jusqu'au plateau, puis part à droite sous les arbres en suivant le bord du plateau.

5 Traverser une petite prairie sur 100 m pour arriver à une piste de terre rouge. Suivre la piste tout droit, en faux plat montant sur 300 m, puis amorcer la descente dans les champs. À 100 m du pied de ce raidillon, tourner à droite à angle aigu pour laisser les manguiers sur la gauche. Traverser la prairie jusqu'à un fromager.

6 Poursuivre par la piste à gauche et laisser les cases sur la droite. À l'intersection, s'engager sur la droite à travers champ pour rejoindre la forêt marécageuse. Vous pourrez découvrir ce milieu en passant sur un platelage *(observer les contreforts des mangles médailles).*

7 À la sortie, monter tout droit et récupérer la piste sur la droite pour regagner le point de départ.

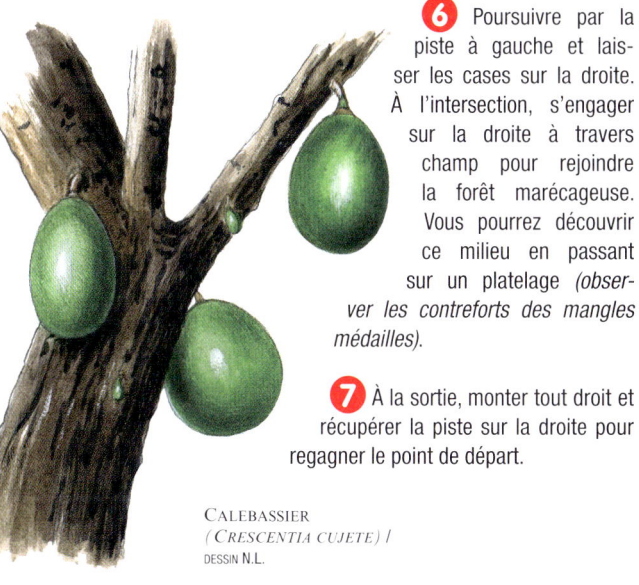

CALEBASSIER
(*CRESCENTIA CUJETE*) /
DESSIN N.L.

S SITUATION
Petit-Bourg, à 15 km au sud-ouest de Pointe-à-Pitre par les N 4 et N 1

P PARKING
derrière le lycée des Droits-de-l'Homme (ancienne N1), au nord du bourg

/ DÉNIVELÉE
altitude mini et maxi, dénivelée cumulée à la montée

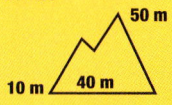

B BALISAGE
flèche verte sur poteau

À DÉCOUVRIR...

> **En chemin :**
• mangrove et forêt marécageuse
• cultures traditionnelles
• point de vue
• espèces végétales forestières et fruitières

> **Dans la région :**
• Petit-Bourg : domaine de Valombreuse, ferme Ti-Bou
• Goyave : centre équestre de la Rose, jardin d'eau de Blonzac
• route de la traversée : cascade aux Ecrevisses

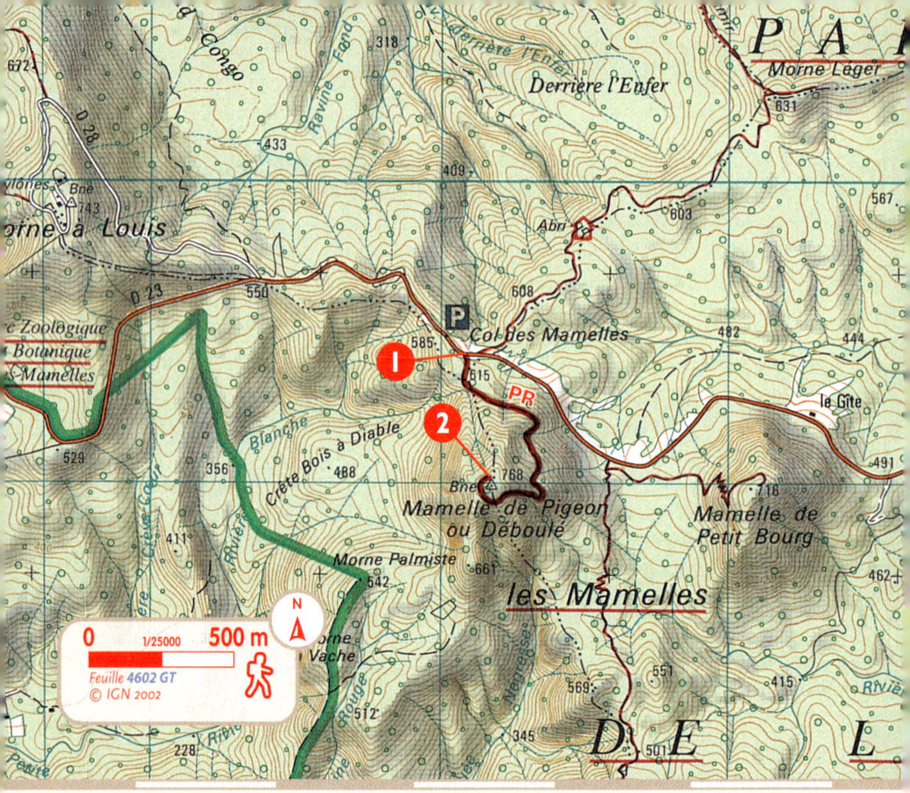

ENVIRONNEMENT
LA CÔTE-SOUS-LE-VENT

Au bord des eaux calmes de la mer des Caraïbes, s'étend de Vieux-Fort à Deshaies, une région au charme pittoresque et varié : la Côte-sous-le-Vent. Paysages encore largement préservés, patrimoine riche et original, cette côte paisible, serrée entre mer et montagne, offre les nombreux témoignages d'un passé prospère durant lequel les productions de café, de vanille, ou d'épices faisaient la réputation de la Guadeloupe. Contrainte à un relatif isolement jusqu'à l'ouverture de la route de la Traversée en 1967, la population « souventoise » a entrepris, grâce à l'écotourisme et à la relance d'activités agricoles et artisanales traditionnelles, de faire connaître à cette région une mutation économique respectueuse de l'environnement.

LITTORAL DE BOUILLANTE / PHOTO A.L.

La **Mamelle** de **Pigeon**

Aux côtés de son alter ego, la Mamelle de Petit-Bourg, la Mamelle de Pigeon culmine à 768 mètres d'altitude. Comme sa sœur jumelle, elle est une relique de la cheminée d'un ancien volcan. La plate-forme naturelle qui se trouve à son sommet, accessible grâce à un joli sentier récemment rénové, offre par beau temps un point de vue magnifique sur toute la Basse-Terre.

VANILLE
(*VANILLA PLANIFO-LIA*) /
DESSIN N.L.

1 Traverser la route et s'engager sur la trace qui part de la D 23.

Les traces qui gravissent les flancs des Mamelles emmènent sur des pentes livrées aux vents et aux pluies qui ont façonné une végétation basse riche en espèces rares, voire endémiques, mais très fragiles. De plus, en raison du relief, les terrains de cette zone sont sujets aux glissements, notamment lors des fortes pluies de la saison des dépressions tropicales.

À travers la forêt d'altitude, la trace s'élève jusqu'au sommet.

Du sommet de chaque Mamelle ou le long des traces, le paysage proche ou lointain s'ouvre sur divers panoramas selon la couverture nuageuse.

2 Redescendre par la trace.

AILES À MOUCHES (*ASPLUNDIA RIGIDA*) /
PHOTO F.C./ONF

S SITUATION
D 23 (route de la Traversée), entre Pointe-Noire et Petit-Bourg

P PARKING
col des Mamelles

/ DÉNIVELÉE
altitude mini et maxi, dénivelée cumulée à la montée

768 m
615 m / 153 m

B BALISAGE
jaune

! DIFFICULTÉS !
• passages boueux et rocheux pouvant être glissants
• quelques fortes pentes

À DÉCOUVRIR...

> En chemin :
• forêt diversifiée
• forêt rabougrie
• points de vue

> Dans la région :
• Maison de la Forêt
• parc zoologique des Mamelles
• Pointe-Noire : maison du Bois, parc aquacole, caféière Beauséjour, musée du Coquillage, Anse Caraïbe Plongée (ACP), hameau de Bellevue

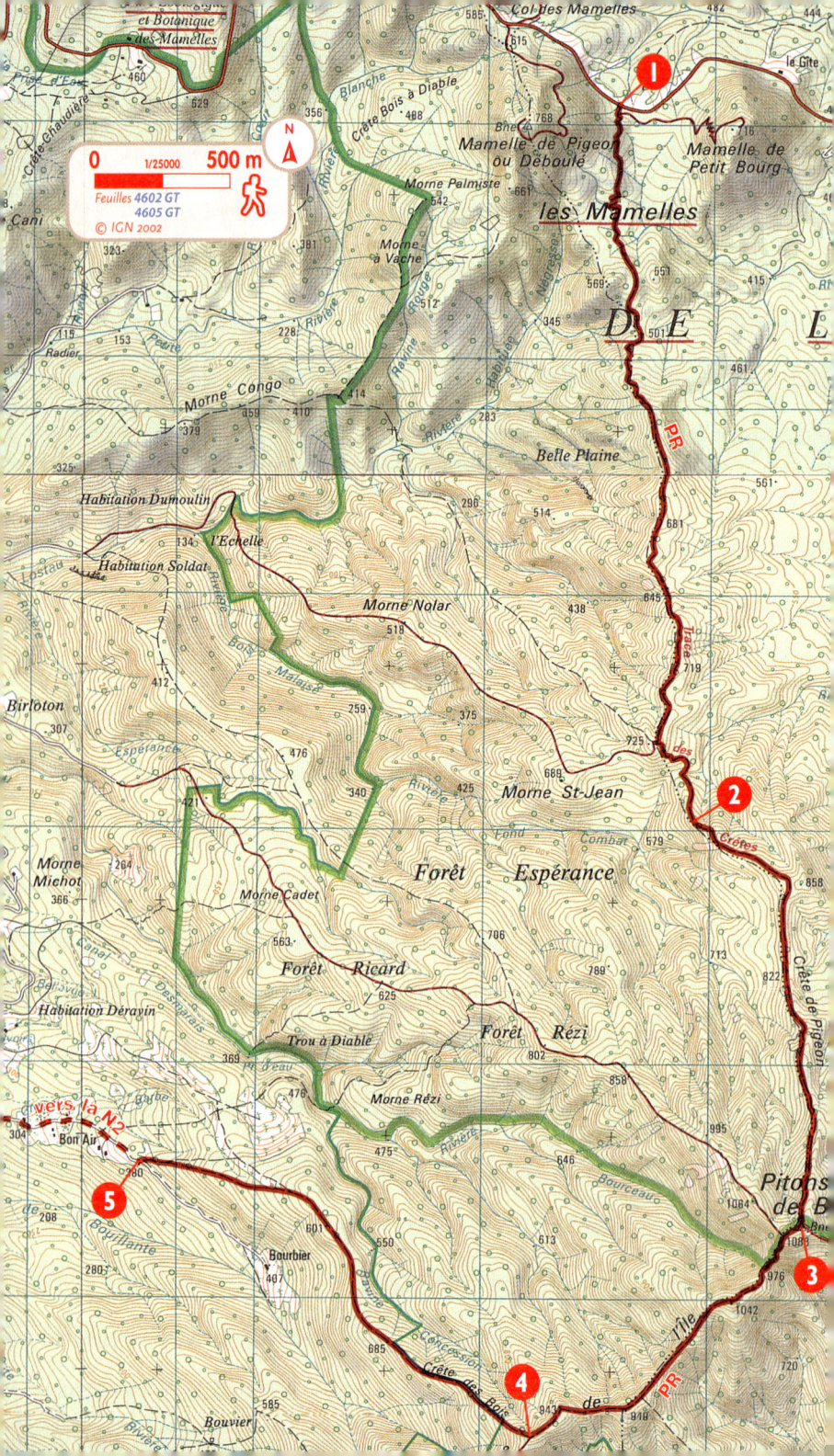

La **trace** des **Crêtes**

Des Mamelles à Bon-Air, cet itinéraire plonge au cœur du Parc national, entre forêt dense humide et forêt sèche.

1 Prendre le départ commun avec la trace de la Mamelle de Petit-Bourg sur 50 m. À la bifurcation, choisir la direction du piton de Bouillante. Après 15 min de marche, traverser le premier bras de la rivière Petit-Bras-David. Poursuivre par le sentier jalonné d'une dizaine d'ouvertures dans la végétation *(propices à de larges points de vue sur la Côte-sous-le-Vent et les îlets Pigeon, ainsi que sur la Côte-au-Vent et le Grand Cul-de-Sac Marin).*

> Avant l'ascension du Piton, un petit sentier à gauche permet de descendre se rafraîchir à la rivière Bras David.

2 Continuer tout droit l'ascension du piton et gagner le sommet *(1 088 m ; panorama sur la mer et la Côte-sous-le-Vent).*

3 Du sommet, se diriger vers Village. Après 100 m, un panneau indique la limite de la zone centrale du Parc national. Prendre à gauche.

> Prudence dans la descente et dans les portions très raides que la boue, les feuilles de mangle et quelques passages rocheux peuvent rendre très glissantes. Il faut bien prendre soin de « coller au talus » car la végétation masque parfois le bord extérieur de la trace.

Le sentier longe la crête, escalade deux mornes de 50 m de haut et arrive à un carrefour *(920 m).*

4 Descendre à droite vers Bon-Air. La trace quasiment rectiligne suit la crête en traversant une forêt de type mésophile, puis redescend en pente régulière jusqu'à Bon-Air **5**.

> En l'absence d'un second véhicule garé à l'arrivée, descendre par la route sur 3 km pour rejoindre la N 2 *(bus en semaine empruntant la route de la Traversée et permettant de retourner au point de départ).*

S **SITUATION**
D 23 (route de la Traversée), entre Pointe-Noire et Petit-Bourg, à 1,2 km après le gîte des Mamelles

P **PARKING**
au bord de route

/ **DÉNIVELÉE**
altitude mini et maxi, dénivelée cumulée à la montée

1 088 m
380 m / 900 m

B **BALISAGE**
jaune

! **DIFFICULTÉS !**
• passages boueux et rocheux pouvant être glissants
• quelques fortes pentes
• circuit linéaire : prévoir un véhicule pour le retour

À DÉCOUVRIR...

> **En chemin :**
• forêt dense humide
• points de vue
• forêt mésophile

> **Dans la région :**
• parc zoologique des Mamelles
• hameau de Bellevue
• Pointe-Noire : Maison du Bois, parc aquacole, artisans du bois aux Plaines, musée du Coquillage, Casa Vanille

LYCOPODES
(LYCOPODIUM SP.) /
DESSIN N.L.

LES TRACES

VUE SUR LA BASSE-TERRE / PHOTO D.B./PNG.

Lorsque les Européens débarquèrent en Guadeloupe en 1493, et jusqu'à la colonisation française à partir de 1635, la Guadeloupe était couverte de forêts et de marécages. Chasseurs et soldats furent les premiers à explorer le massif de la Basse-Terre, à la recherche d'eau et de gibier. De nombreuses « traces » furent ainsi ouvertes, constituant autant de moyens de pénétrer au sein d'un milieu hostile mais plein de ressources. Les esclaves en fuite (appelés « nèg mawon ») y percèrent aussi plusieurs sentiers destinés à rejoindre les camps clandestins où ils se réfugiaient.

Certaines de ces traces sont considérées comme faisant partie du patrimoine de la Guadeloupe.

Aujourd'hui, très recherché par les amateurs de randonnée, le réseau des traces de la Basse-Terre dépasse les 200 km. Les plus fréquentées font l'objet d'un entretien régulier par le Parc national de la Guadeloupe et l'Office national des forêts, avec l'aide de la collectivité départementale.

LE CAFÉ

Les premiers plants de café, provenant du Jardin des Plantes à Paris, furent introduits en Guadeloupe en 1720. En 1785, on comptait déjà 1 726 plantations caféières réparties sur l'ensemble de l'île qui produisaient quelque 2 500 tonnes d'arabica par an.

La plupart des exploitations se trouvaient localisées sur les terres de moyenne altitude de la Côte-sous-le-Vent, où le climat convient particulièrement à cette culture.

Le café de la Guadeloupe était alors considéré comme un des meilleurs du monde : mélangé à d'autres cafés de moins bonne qualité, il servait à les bonifier en améliorant leur arôme.

Aujourd'hui, la Guadeloupe ne produit plus qu'une cinquantaine de tonnes de café chaque année. L'importation permet de satisfaire le reste des besoins.

Cependant, plusieurs agriculteurs guadeloupéens ont replanté de l'arabica, et tentent actuellement de mettre en place une appellation d'origine contrôlée « Arabica pur Guadeloupe ».

ACOMAT BOUCAN / PHOTO R.M.

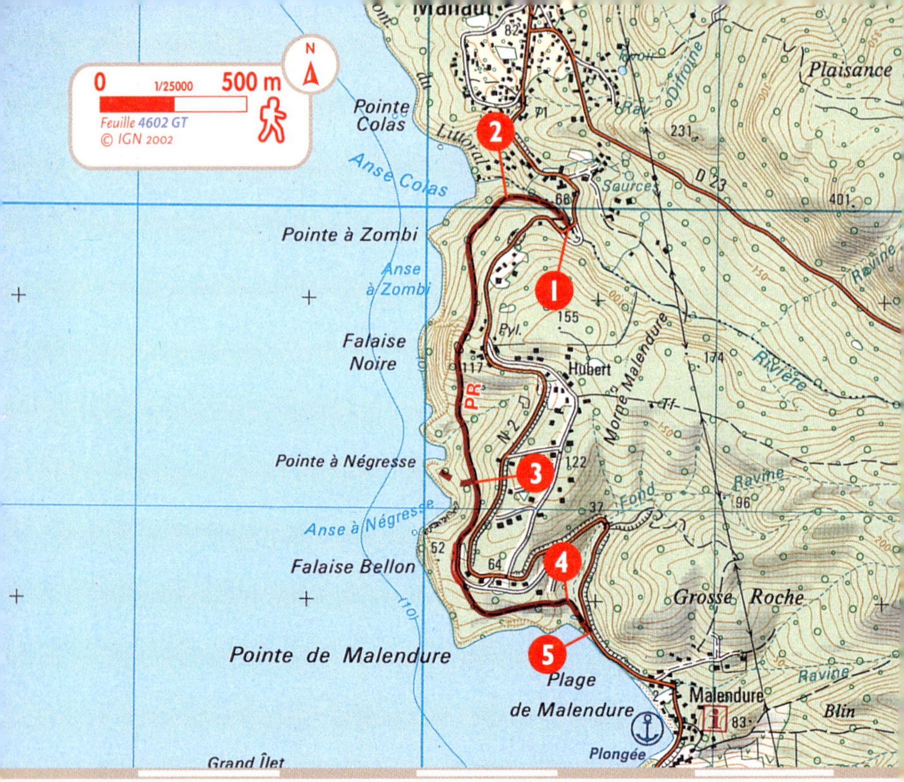

(map labels)

Malaut
Plaisance
Pointe Colas
Anse Colas
Pointe à Zombi
Anse à Zombi
Falaise Noire
Hubert
Morne Malendure
Rivière
Pointe à Négresse
Anse à Négresse
Falaise Bellon
Grosse Roche
Pointe de Malendure
Plage de Malendure
Malendure
Blin
Plongée
Grand Îlet
Sources
Ravine
Fond
PR

ENVIRONNEMENT

LES ÎLETS PIGEON

Les îlets Pigeon constituent un des hauts lieux touristiques de la Guadeloupe. De nombreux clubs de plongée et bateaux à fond de verre offrent à des milliers d'amateurs la découverte de leurs richesses naturelles.

On dit que le commandant Cousteau considérait les fonds marins de ces îlets parmi les plus merveilleux du monde, si bien qu'il les a choisis pour le tournage d'un de ses films… Plusieurs sources d'eau chaude y favorisent en effet le développement d'une faune sous-marine exceptionnelle. La fragilité de ce site justifie son classement futur en réserve naturelle.

Les îlets Pigeon, autrefois entièrement recouverts de goyaviers, étaient connus jusqu'au début du XXe siècle sous le nom d'« îlets à Goyave ». Ainsi s'appelait aussi ce quartier de la Côte-sous-le-Vent, devenu actuellement Pigeon où se trouvait alors le bourg de la commune de Bouillante.

PETIT-MALENDURE / PHOTO ONF

La **trace** du **Petit-Malendure**

À l'ombre de la forêt sèche, découvrez le littoral de la Côte-sous-le-Vent avec ses petites criques et son panorama sur les îlets Pigeon.

CATALPA
(*THESPESIA POPULNEA*) /
DESSIN N.L.

S SITUATION
Mahaut, à 3,5 km au sud de Pointe-Noire par la N 2

P PARKING
à 500 m après Mahaut, en venant de Pointe-Noire, avant le pont sur la rivière Colas

/ DÉNIVELÉE
altitude mini et maxi, dénivelée cumulée à la montée

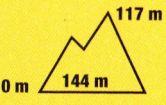

117 m

0 m / 144 m

B BALISAGE
jaune et blanc
+ panneaux

! DIFFICULTÉS !
• falaises, passage rocheux
• montée raide
• circuit linéaire : prévoir un véhicule pour le retour

① Depuis le parking, se diriger vers Malendure et rejoindre le départ 50 m à droite après le pont. Le sentier passe à proximité de la rivière à Colas. Suivre le sentier à travers les roches et les pierres ardoises. Gagner une bifurcation.

> **Possibilité de descendre à l'anse Colas et sa plage de galets par le sentier à droite.**

② Prendre à gauche. Depuis la pointe à Zombi, le point de vue balaye les anses Colas et Zombi. Suivre le sentier qui part sur la gauche en angle droit *(passage à proximité d'une construction)*. Continuer tout droit à travers la forêt sèche *(poirier, campêche, savonnette)* et entamer une montée régulière. Le parcours est jalonné de points de vue vers l'anse Feuillard, la pointe Négresse et l'île de Montserrat *(à 70 km au nord-ouest de Basse-Terre)*. Longer une barrière en passant au niveau de la falaise Noire. Traverser une ravine *(sur la droite, accès à l'anse Feuillard)* et continuer tout droit. Après 250 m, atteindre un croisement.

> **Possibilité d'accéder à la pointe à Négresse par le sentier à droite.**

③ Poursuivre sur le sentier principal pour rejoindre la pointe de Malendure *(point de vue sur les îlets)*, puis arriver à un panneau ONF *(forêt domaniale du littoral)*.

④ Par la droite, traverser Fond Ravine, puis un bois, pour déboucher sur la plage de Petit-Malendure ⑤.

À DÉCOUVRIR...

▷ En chemin :
• panorama sur les îlets Pigeon
• accès anse Colas et Négresse
• végétation xérophile et de rivière
• baignade

▷ Dans la région :
• Pointe-Noire : Maison du Bois, parc aquacole, artisans du bois aux Plaines, musée du Coquillage, Casa vanille
• Bouillante : plage de Malendure et Petit-Malendure, centre de plongée, bateau à fond de verre, trace des crêtes

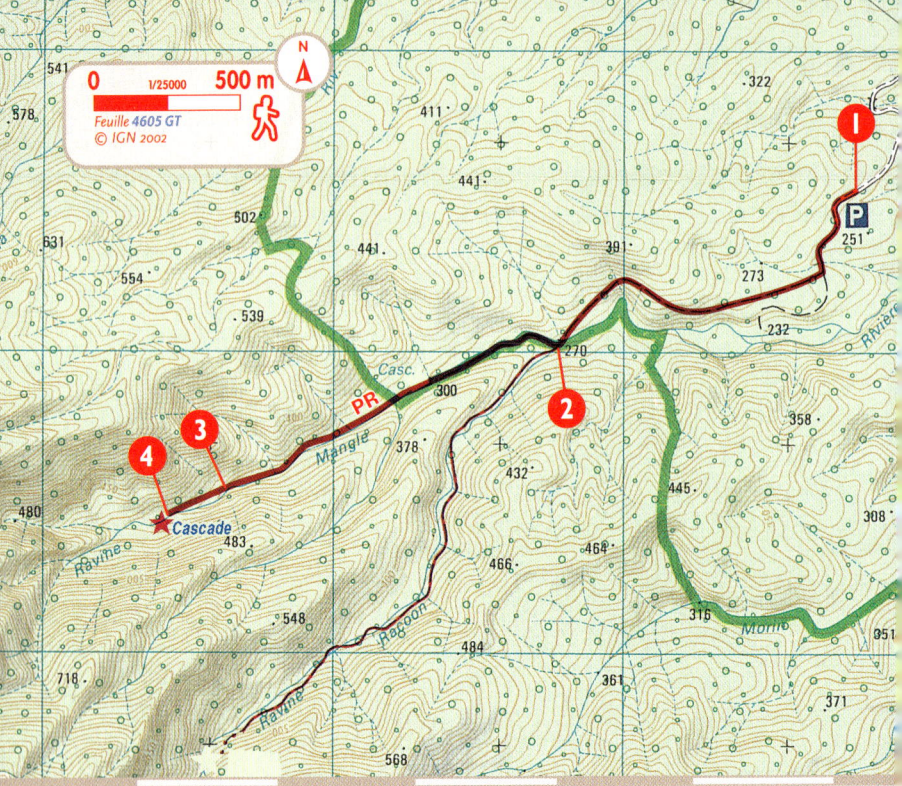

LES CREVETTES D'EAU DOUCE

Les crevettes d'eau douce (le plus souvent appelées « écrevisses ») sont les animaux les plus connus des rivières et plans d'eau de la Guadeloupe. On en a recensé quelque treize espèces qui se divisent en deux grandes familles : les atyidés (sept espèces) et les palaemonidés (six espèces).

À la première appartient le « cacador » *(Atya)* qui ne se rencontre que dans les eaux vives de la Basse-Terre. À la seconde appartient l'es-

pèce la plus appréciée : le « ouassou » *(Macrobrachium carcinus)* dont les spécimens les plus spectaculaires peuvent atteindre 1 kg et 40 cm de long…

Depuis toujours, les crevettes, mets très recherché des gastronomes, sont traquées par les pêcheurs à la nasse dans le lit des rivières. Mais les plus graves menaces sont le bétonnage et l'aménagement des estuaires qui détruisent les biotopes naturels indispensables à leur développement larvaire.

CHUTE MOREAU / PHOTO PNG

Les **chutes** de **Moreau**

MOYEN

4H • 7KM

Découvrez toute la splendeur de la forêt hygrophile ainsi que les cascades des ravines Mangle et Racoon.

❶ Suivre l'ancienne route forestière qui continue au-delà du parking et contourner le fossé creusé par les pluies qui barre la route. Monter l'escalier à droite de la route et continuer par la trace sur 800 m jusqu'à la première traversée de rivière.

GUIMBO *(ARTIBEUS JAMAICENSIS)* / DESSIN P.R.

> Si le courant paraît fort et rend cette traversée difficile avec plus d'1 m de profondeur, ne pas hésiter à revenir sur ses pas. Les crues peuvent être soudaines et très violentes même s'il ne pleut pas à cet endroit. Le bassin versant de la rivière débute très haut en amont et en altitude. Il peut subir de très fortes précipitations.

❷ Franchir la rivière une première fois puis une seconde. Continuer en rive gauche sur 1,2 km, puis traverser une troisième fois la rivière. Ensuite, les traversées se succèdent de façon de plus en plus rapprochées.

❸ Après huit traversées, arriver au pied d'une forte pente située en rive gauche. La chute se trouve alors à moins de 10 min. La trace escalade la pente au milieu des racines sur 200 m *(60 m de dénivelée)* et atteint le pied de la cascade haute de 100 m *(avec un bassin assez profond pour pouvoir s'y baigner)*.

❹ Redescendre le raidillon de montée.

❸ Poursuivre sur 150 m.

> Au travers des arbres, à gauche, point de vue sur une autre cascade accessible depuis la rivière.

Reprendre la descente par l'itinéraire de montée.

> 200 m après être redescendu dans la rivière, sur le confluent à gauche, se trouve une cascade située à 200 m de la trace principale *(sentier d'accès par la rive gauche mais ni aménagé ni balisé)*.

❷ Poursuivre la descente et rejoindre le parking.

S **SITUATION**
Douville (commune de Goyave), par la N 1

P **PARKING**
terminus de la route forestière de Moreau

/ **DÉNIVELÉE**
altitude mini et maxi, dénivelée cumulée à la montée

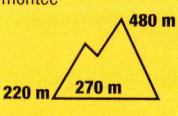

220 m / 270 m / 480 m

B **BALISAGE**
fléchage jaune aux traversées de rivière

! **DIFFICULTÉS !**
• circuit à ne pas entreprendre en cas de risque de crue (9 traversées de rivières pouvant être glissantes)
• en cas de fort courant en **2**, ne pas s'engager dans la rivière et faire demi-tour
• raidillon nécessitant l'usage des mains avant **4**
• passages boueux et rocheux

À DÉCOUVRIR...

> **En chemin :**
• forêt dense hygrophile
• cascades remarquables

> **Dans la région :**
• Goyave : centre équestre de la Rose, jardin d'eau de Blonzac
• Petit-Bourg : domaine de Valombreuse (jardin)
• Capesterre : distillerie Longueteau, plantation Grand-Café

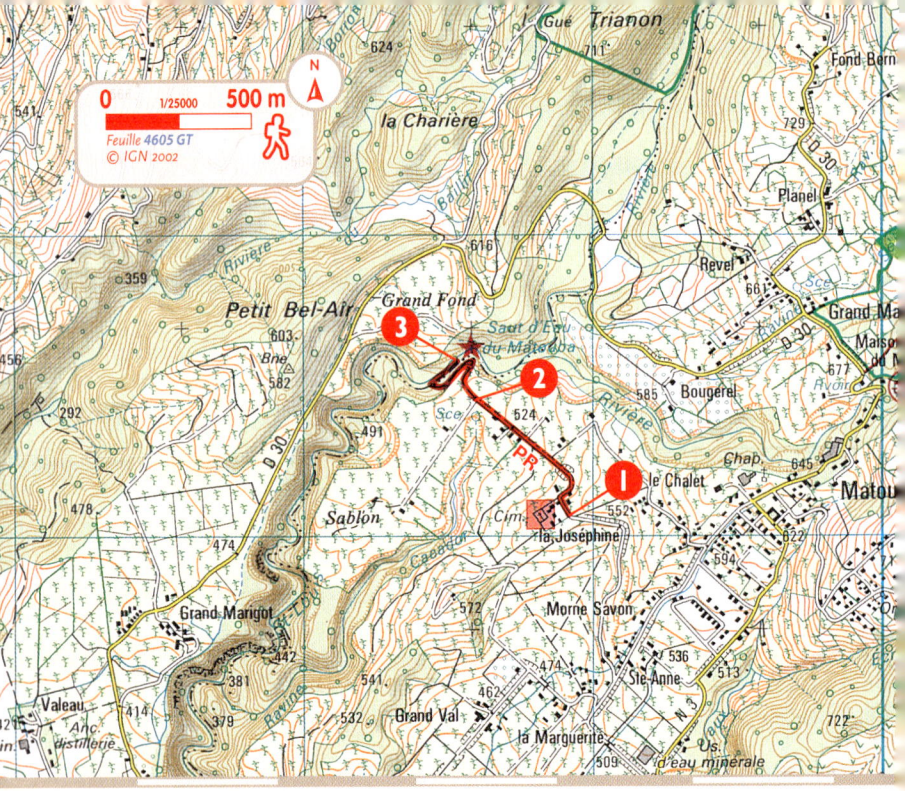

ENVIRONNEMENT

MATOUBA

De la géographie montagneuse de Saint-Claude, le Matouba a le relief le plus tourmenté, entre 500 et 800 m d'altitude. On dit dans le pays que les gens d'ici « ont la peau fraîche » et, déjà, les colons y trouvaient « un climat sain qui rappelle celui de l'Europe ». Dans ce lieu se déroulèrent quelques hauts faits historiques : ce fut un refuge à plusieurs reprises contre les attaques anglaises.

Matouba est aussi un lieu où l'eau est reine ! À la source des Bains-Chauds du Matouba (1 057 m), des eaux chaudes sont captées et arrivent à une température de 49,6 °C au centre thermal Harry-Hamousin à Papaye, unique en Guadeloupe. D'autre part, la forêt de Frézias abrite la source Roudelette qui alimente l'usine d'eau minérale de Matouba. Matouba rime aussi avec forêt humide et randonnée (départ de la trace Victor-Hugues).

LE SAUT D'EAU DU MATOUBA /
PHOTO J.-B.S./ONF

Le **saut d'eau** du **Matouba**

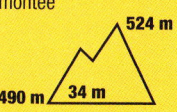

PR® 17

FACILE

1H20 • 2KM

S SITUATION
Matouba (commune de Saint-Claude), au nord-est de Basse-Terre par les N 3, D 30 et, à la stèle de Delgrès, par la route à gauche puis la deuxième voie à gauche

P PARKING
au bord de la route

/ DÉNIVELÉE
altitude mini et maxi, dénivelée cumulée à la montée

524 m
490 m / 34 m

B BALISAGE
panneaux et flèchage

! DIFFICULTÉS !
• présence de falaises
• passage glissant sur rochers

Une randonnée chargée d'histoire qui rappelle la rébellion de Delgrès (le 28 mai 1802, à l'habitation d'Anglemont, cet officier de couleur a préféré se faire sauter avec ses hommes plutôt que de redevenir esclave). Le charme du lieu a ravi le célèbre poète Saint-John Perse qui y passait ses vacances.

AILE À MOUCHES
(*ASPLUNDIA RIGIDA*) /
DESSIN N.L.

Dans la bananeraie, outre les nombreux régimes de bananes, observer les acajous rouges, les palmiers américains et les tulipiers du Gabon aux grosses fleurs oranges.

1 Face à un énorme chêne rouge (plus de 200 ans), à droite de l'habitation Joséphine *(où Alexis Léger dit Saint-John Perse, prix Nobel de littérature en 1960, venait passer ses vacances)*, partir à droite après le hangar et continuer par le chemin *(sous les bananiers, observer les impatiens, une petite plante originaire de Zanzibar)*. Ce sentier passe près de rares habitations *(voir les jardins créoles)*.

2 Dans le virage, en angle droit, à gauche, s'engager à droite sur le petit sentier étroit. Il descend dans la forêt *(animée par les chants des oiseaux et le grondement de la chute)* et arrive à la rivière Saint-Louis en 30 minutes environ. La remonter à droite pour arriver au pied du saut d'eau du Matouba.

> La baignade est fortement déconseillée au pied de la chute en raison des tourbillons. Possibilité de se baigner un peu plus loin dans la rivière.

3 Revenir par le même itinéraire.

À DÉCOUVRIR...

> En chemin :
• cascade
• jardin créole
• bananeraie
• baignade

> Dans la région :
• parc floral et animalier Fauna-Flora
• aire de pique-nique de la rivière Noire
• usine de Matouba
• Bonifierie de Morin : musée du Café et du Cacao
• Mango Fil : parcours ludiques dans les arbres

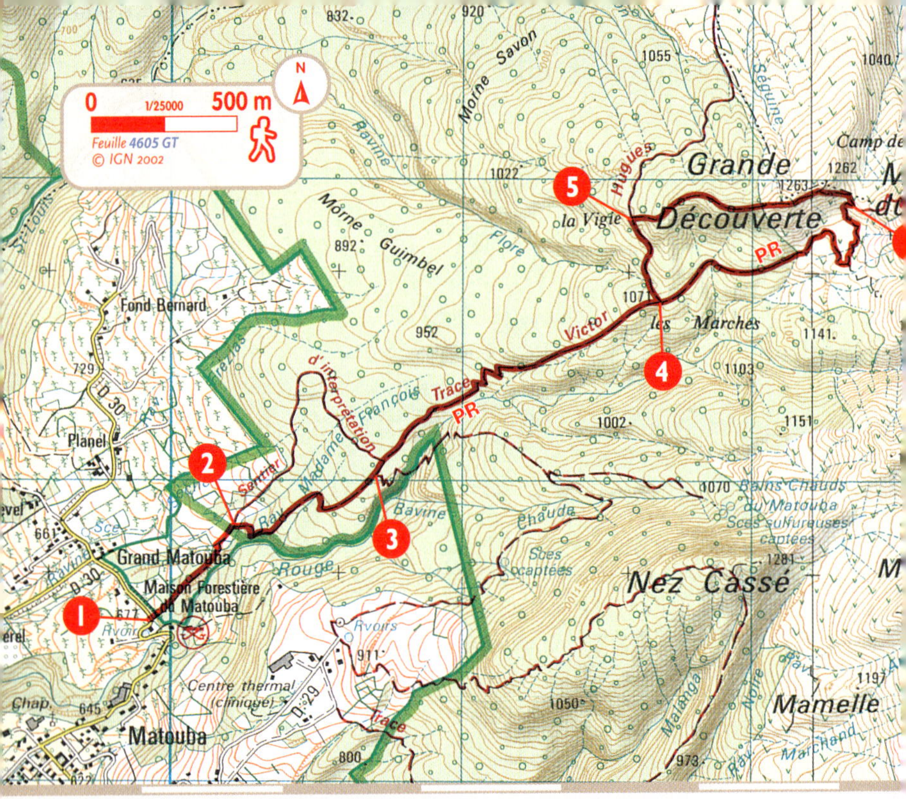

FAUNE ET FLORE

LA BANANE

Bien qu'originaire d'Asie du sud-est, le bananier était déjà connu des Amérindiens avant la colonisation des Européens au XVIIe siècle. Cependant, c'est après la chute de la culture du café qu'au début du XXe siècle, celle de la banane s'est développée de façon intensive sur la Basse-Terre, de Goyave à Vieux-Habitants. Malgré une conjoncture économique incertaine,

la banane reste encore le premier produit d'exportation de la Guadeloupe. La bananeraie n'est pas replantée chaque année. Après avoir donné un régime, le bananier est abattu. Un rejeton issu de la souche le remplace et un cycle d'environ neuf mois recommence. Chaque régime porte jusqu'à quinze pattes qui chacune offre une vingtaine de fruits.

FLEUR DE BANANE
ET OISEAU SUCRIER / PHOTO PNG

La **boucle** de la **Grande Découverte**

PR® 18

DIFFICILE
4H • 6,5KM

Dans les hauteurs de Saint-Claude, au Matouba, partez pour une balade à travers la forêt humide. Toute cueillette est interdite dans le Parc national.

FRAMBOISE
(RUBUS ROSEAFOLIUS) /
DESSIN N.L.

S **SITUATION**
Matouba (commune de Saint-Claude), au nord-est de Basse-Terre par les N 3 et D 30

P **PARKING**
maison forestière de Matouba

/ **DÉNIVELÉE**
altitude mini et maxi, dénivelée cumulée à la montée

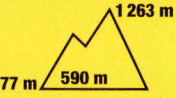

1 263 m
677 m / 590 m

B **BALISAGE**
jaune

! **DIFFICULTÉS !**
piste glissante par endroits et descentes délicates

1 S'engager dans le sous-bois par le chemin empierré à l'ombre des pommes-roses.

2 À la bifurcation, se diriger à droite, franchir un petit gué et monter à gauche. Suivre le balisage « Victor Hugues » et continuer toujours à droite.

3 Au carrefour, continuer tout droit *(voir les nombreuses fleurs de balisiers rouges ou jaunes ; attention aux portions glissantes)*.

4 Après une montée régulière, prendre le sentier étroit à gauche en direction de la « Grande Découverte » *(passage étroit et délicat à franchir)*.

5 À l'intersection, laisser le sentier à gauche, continuer à suivre le balisage « Grande Découverte » par le sentier qui monte en pente douce et arriver sur un plateau *(point de vue sur la Basse-Terre)*. Amorcer une descente délicate, puis arriver en vue des ruines du refuge des Montagnards situé en contrebas.

6 Au croisement, descendre à droite en direction de Matouba et retrouver le début de la boucle.

4 Descendre par l'itinéraire de montée.

À DÉCOUVRIR...

> **En chemin :**
• sentier pavé
• plantation de Frézias
• point de vue
• framboisiers sauvages

> **Dans la région :**
• parc floral et animalier Fauna-Flora
• aire de pique-nique de la rivière Noire
• saut d'eau du Matouba
• Bonifierie de Morin : musée du Café et du Cacao
• Mango Fil : parcours ludiques dans les arbres

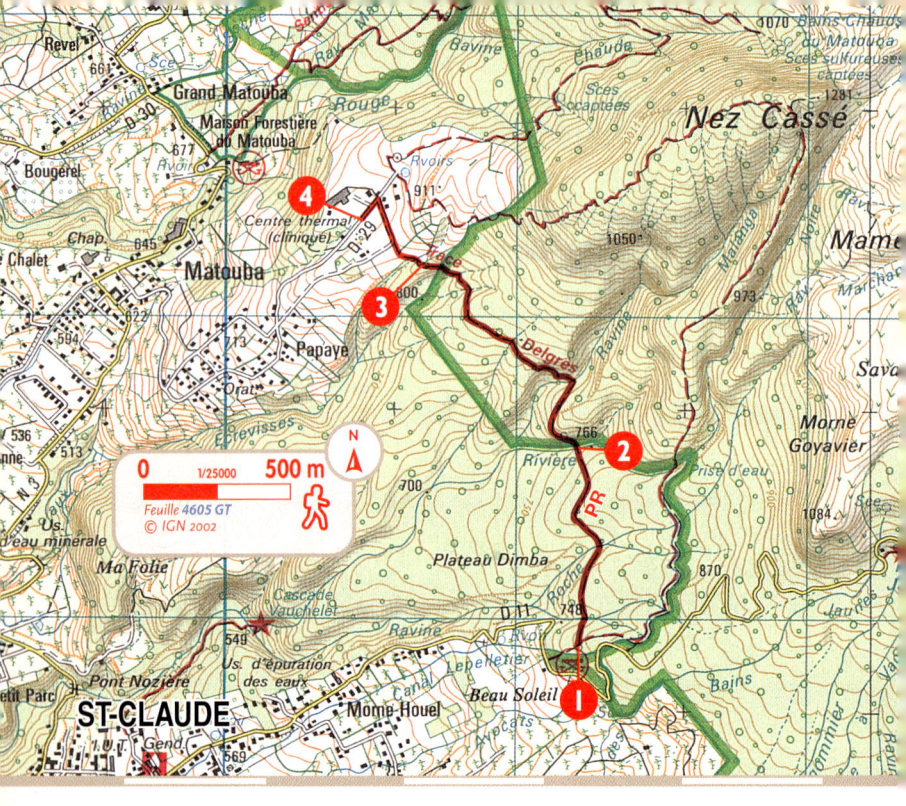

HISTOIRE

DELGRÈS

Louis Delgrès, né à la Martinique en 1766, s'engage dans l'armée française en 1783 et se distingue très tôt dans les différents conflits opposant les Français aux Anglais dans les Antilles.

Son ardeur au combat lui vaut d'être rapidement nommé officier, et c'est en tant que colonel qu'il s'oppose au rétablissement de l'esclavage par Bonaparte en 1802. À la tête d'une armée essentiellement composée d'anciens esclaves noirs ou d'anciens libres de couleurs, il combat le corps expéditionnaire que dirige le général Richepance envoyé par Napoléon. Le 6 mai 1802, il gagne les hauteurs de Saint-Claude en remontant la rivière du Galion, et après deux jours d'une résistance acharnée, il choisit de se donner la mort avec 300 de ses compagnons, au cri de « Vivre libre ou mourir ».

STATUE LOUIS DELGRÈS SITUÉE AUX ABYMES /
PHOTO J.-B.S./ONF

La **trace Delgrès**

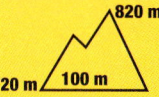

PR® 19

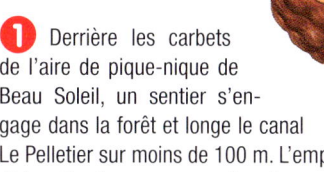

MOYEN

3H • 5KM

Après avoir sillonné la forêt humide, le sentier de traverse conduit sur les hauteurs de Matouba et permet de découvrir les jolis jardins de Papaye. Régalez vous… avec les yeux !

CACAOYER
(*THEOBROMA CACAO*) /
DESSIN N.L.

S SITUATION
Beau Soleil, route des Bains-Jaunes, au nord-est de Saint-Claude par la D 11

P PARKING
aire de pique-nique de Beau Soleil

/ DÉNIVELÉE
altitude mini et maxi, dénivelée cumulée à la montée

820 m
720 m / 100 m

B BALISAGE
jaune

! DIFFICULTÉS !
• forêt clairsemée (bien suivre le balisage)
• circuit en aller-retour

1 Derrière les carbets de l'aire de pique-nique de Beau Soleil, un sentier s'engage dans la forêt et longe le canal Le Pelletier sur moins de 100 m. L'emprunter *(faire attention car une portion du canal est endommagée)*, puis bifurquer sur la gauche. La forêt est très clairsemée, bien suivre le balisage. Arriver sur un sentier mieux marqué et prendre à gauche. Traverser une première ravine. Après environ 20 min de marche, remarquer sur la gauche des racines de Clusia mangle *(souvent confondues avec des lianes)* et passer à proximité d'énormes contreforts de châtaignier *(racines contreforts formant de longues lames à la base du tronc)*. Franchir deux ravines *(rester attentif à l'envol des perdrix à votre passage)*, puis traverser le layon qui permet l'accès à un captage *(conduite d'eau du morne Houël)* pour arriver à proximité de la rivière Noire.

2 Franchir la rivière *(vous pénétrez dans le Parc national de Guadeloupe)* et remonter en face. Après un virage à droite, rejoindre la ravine Malanga ; la traverser et poursuivre dans la forêt. Passer une nouvelle ravine *(observer un imposant gommier blanc)*. À flanc de montagne, atteindre une zone de plateau *(point de vue sur les monts Caraïbes, Les Saintes, Gourbeyre, Basse-Terre, Baillif)*.

3 Reprendre le sentier sur la droite et entrer dans le sous-bois. Après avoir traversé une dernière ravine, dépasser des jardins créoles. Le sentier débouche sur un chemin bétonné ; le suivre à droite, puis virer à gauche pour arriver devant la clinique des Eaux Vives *(possibilité de se rafraîchir au petit lolo installé sur le parking)*.

4 Le retour se fait par le même itinéraire.

À DÉCOUVRIR...

> En chemin :
• forêt humide
• point de vue sur Basse-Terre et ses environs
• jardin créole
• aire de pique-nique

> Dans la région :
• parc floral et animalier Fauna-Flora
• bonifierie Morin : musée du Café et du Cacao
• Mango Fil : parcours ludiques dans les arbres
• la Soufrière
• Grande Découverte

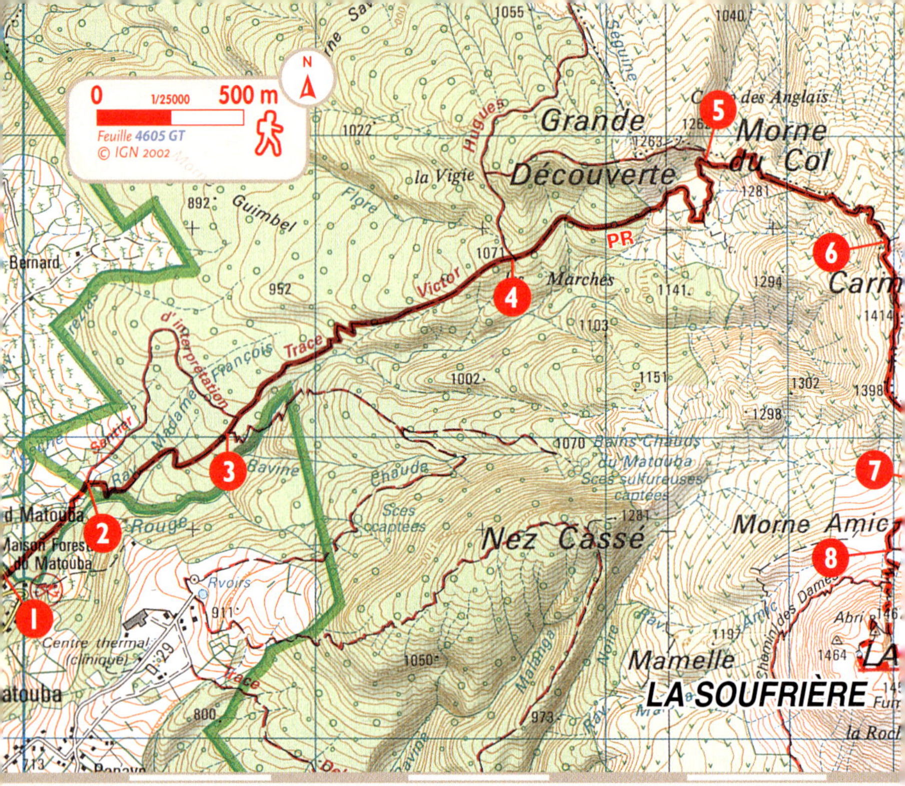

[Map with numbered markers 1-8 showing the Soufrière region, Grande Découverte, Morne du Col, Nez Cassé, Morne Amic, La Soufrière]

Feuille 4605 GT
© IGN 2002
0 — 1/25000 — 500 m

ENVIRONNEMENT

LA FORÊT DES NUAGES

Le climat (pluie, vent, fraîcheur, brouillard…) qui règne sur les sommets de la Guadeloupe peut surprendre bien des promeneurs. Avec l'altitude, les contraintes biologiques s'accroissent. La végétation se transforme et s'enrichit de spécimens originaux, mieux adaptés à la rigueur des conditions de vie.

Cette végétation, baptisée « forêt des nuages », se répartit en forêt rabougrie, domaine du mangle-montagne et des palmistes-montagne, « savane » de broméliacées (ananas-montagne rouges ou jaunes), tourbières sommitales, dominées par les sphaignes, les mousses,

VÉGÉTATION DES SOMMETS / PHOTO G.M./PNG

quelques fougères…

Cette forêt, qui couvre environ 20 % du massif forestier de la Basse-Terre, a beaucoup souffert de la dernière éruption de la Soufrière en 1976. Elle se reconstitue progressivement.

Le **sentier** de **Carmichaël**

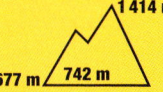

DIFFICILE

6H • 12KM

La trace Carmichaël fait la liaison par les sommets entre la boucle de la Grande Découverte et le massif de la Soufrière. Partez de Matouba pour vous baigner aux Bains-Jaunes.

1 S'engager dans le sous-bois par le chemin empierré à l'ombre des pommes-roses.

2 À la bifurcation, se diriger à droite, franchir un petit gué et monter à gauche. Suivre le balisage « Victor Hugues » et continuer toujours à droite jusqu'à un carrefour.

3 Poursuivre en face *(voir les nombreuses fleurs de balisiers rouges ou jaunes ; attention aux portions glissantes)*. Après une montée régulière, gagner un croisement.

4 Aller tout droit pour rejoindre un plateau au sortir de la forêt humide, puis, en quelques lacets, monter jusqu'à une bifurcation.

5 Poursuivre la montée à droite et accéder au Morne du Col par un sentier argileux et étroit *(par beau temps, découvrir sur la droite, au loin, Papaye et la clinique des Eaux Vives, et en contrebas, les ruines de l'ancien refuge de montagnards ; et sur la gauche, la savane aux Ananas et le massif montagneux jusqu'à la Côte-sous-le-Vent)*. Le sentier alterne entre ascensions et descentes *(attention aux glissades)* et atteint un carrefour.

FLEUR D'ANANAS
MONTAGNE
(PITCAIRNIA BIFRONS) /
DESSIN N.L.

6 Aller tout droit *(l'autre sentier nommé trace G.Berry conduit à l'îlet Pérou à Capesterre)* sur la crête Carmichaël en direction de la Soufrière et rejoindre Grande Savane *(station de surveillance du volcan)*.

7 Quitter le site par la droite pour descendre au pied de la Soufrière.

> Possibilité d'accéder au plateau sommital en grimpant par le sentier en face ou d'en faire le tour.

8 Le retour s'effectue par le même itinéraire.

S SITUATION
Matouba (commune de Saint-Claude), au nord-est de Basse-Terre par les N 3 et D 30

P PARKING
maison forestière de Matouba

/ DÉNIVELÉE
altitude mini et maxi, dénivelée cumulée à la montée

1 414 m

677 m / 742 m

B BALISAGE
panneaux et fléchage

! DIFFICULTÉS !
• passages boueux et glissants
• entre **5** et **7**, progression difficile

À DÉCOUVRIR...

> En chemin :
• forêt humide
• végétation d'altitude

> Dans la région :
• parc floral et animalier Fauna-Flora
• bonifierie Morin : musée du Café et du Cacao
• Mango Fil : parcours ludiques dans les arbres

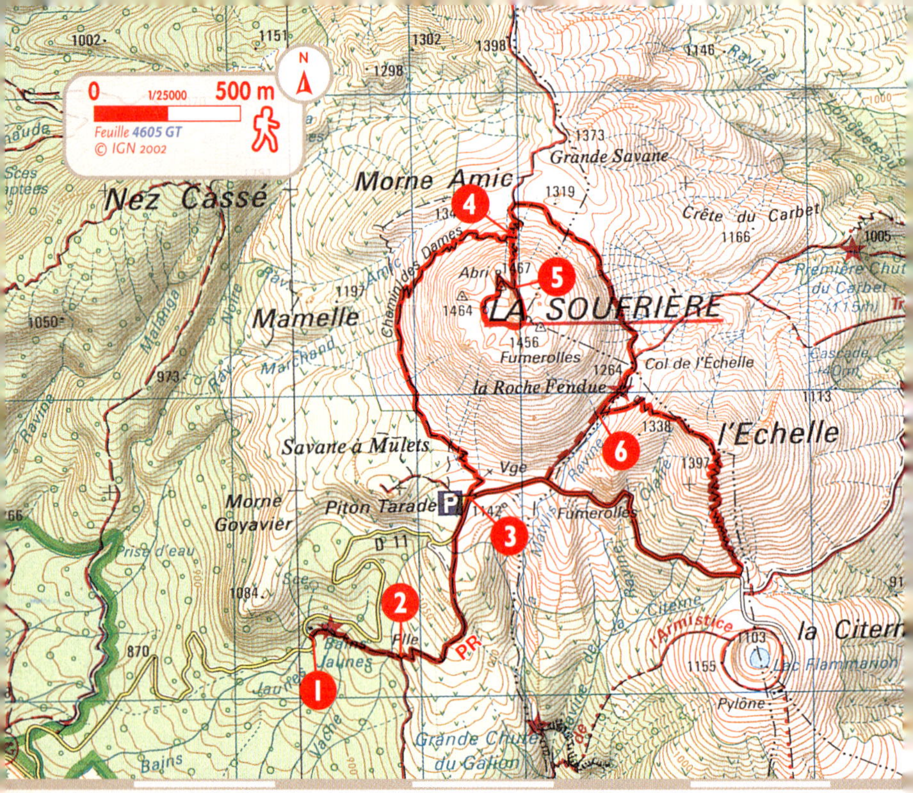

ENVIRONNEMENT

LA SOUFRIÈRE

LA SOUFRIÈRE / PHOTO PNG

La Soufrière (point culminant des Petites Antilles à 1 467 m) est l'un des volcans les plus actifs de la région.

Celle que l'on appelle « La Vieille Dame » est pourtant de constitution récente : elle connaît depuis environ 13 000 ans des crises éruptives régulières toutes phréa-tiques, c'est-à-dire concrétisées par de violentes émissions de vapeur, de cendre et de roches sans apparition de magma en surface. La première éruption décrite date de 1696 ; la dernière, qui dura 8 mois de juillet 1976 à mars 1977, fut une des plus violentes qui provoqua l'évacuation de plus de 70 000 personnes.

La Soufrière se trouve aujourd'hui placée sous haute surveillance. Un réseau de stations d'observations permet d'étudier les déformations géophysiques, d'être à l'écoute de son activité sismique et de connaître les modifications chimiques des gaz qui circulent à l'intérieur du volcan.

La **Soufrière**

Partez à la découverte du volcan actif de la Guadeloupe, le point culminant des Petites Antilles, à 1 467 m d'altitude.

1 Plonger dans l'histoire en empruntant le sentier pavé du Pas du Roy ouvert en 1887 par la Coloniale. Passer devant la stèle de 1887, puis le bassin des Bains Jaunes et gagner une intersection.

2 Bifurquer à gauche. Pendant l'ascension, la végétation évolue passant de la forêt humide aux savanes d'altitude. Le sentier pavé se poursuit en chemin caillouteux et arrive sur une grande plateforme face à la Soufrière. Suivre la route à droite jusqu'à la Savane-à-Mulets.

3 Du parking, amorcer à gauche l'ascension par un chemin caillouteux appelé le chemin des Dames. Après environ 35 min de marche, passer l'éboulement Faujas *(observer les parois tapissées de sphaignes et de broméliacées)* et poursuivre pour arriver à un carrefour au niveau de la Grande Faille.

4 Grimper en face par la trace pour atteindre après 10 min le plateau sommital.

5 Bien suivre le balisage au sol. Prendre à droite en direction du sommet en passant devant l'abri des Montagnards. Redescendre jusqu'à la mare au Diable, franchir la Porte d'Enfer puis traverser le jardin de l'Herminier. Emprunter le pont naturel, passage étroit entre les gouffres Tarrissan à droite et Dupuis à gauche. L'accès au cratère sud est interdit pour cause de toxicité des gaz. Terminer la boucle.

5 Redescendre au pied de la Grande faille.

4 Continuer la descente à droite, puis tourner à droite à la bifurcation suivante pour gagner le col de l'Echelle. Continuer tout droit pour rejoindre un gros rocher fendu *(éruption de 1976)* et descendre le long de la ravine Matylis.

> Possibilité de rejoindre rapidement le parking de Savane-à-Mulets en descendant tout droit.

6 Sur la gauche, un sentier étroit et caillouteux donne accès au sommet de l'Échelle. Traverser une zone boueuse dans les mangles-montagnes puis dépasser des blocs de pierre avant d'entamer la descente. En quelques lacets rejoindre une route. La suivre à droite pour retrouver le parking Savane-à-Mulets.

3 Continuer sur la route, puis prendre à gauche le sentier du Pas du Roy pour descendre au point de départ.

S SITUATION
massif de la Soufrière (commune de Saint-Claude), au nord-est de Basse-Terre par les N 3 et D 11

P PARKING
aux Bains Jaunes

/ DÉNIVELÉE
altitude mini et maxi, dénivelée cumulée à la montée

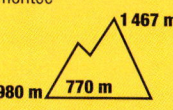

1 467 m
980 m 770 m

B BALISAGE
jaune

! DIFFICULTÉS !
• attention au vent, à la pluie et au brouillard
• passages glissants
• longue ascension

À DÉCOUVRIR...

> En chemin :
• points de vue sur les îles, sur Basse-Terre et ses environs
• forêt humide
• végétation d'altitude
• sources chaudes

> Dans la région :
• Saint-Claude : parc floral et animalier Fauna-Flora
• bonifierie Morin : musée du Café et du Cacao
• Mango Fil : parcours ludiques dans les arbres
• Basse-Terre : ville d'arts et d'histoires

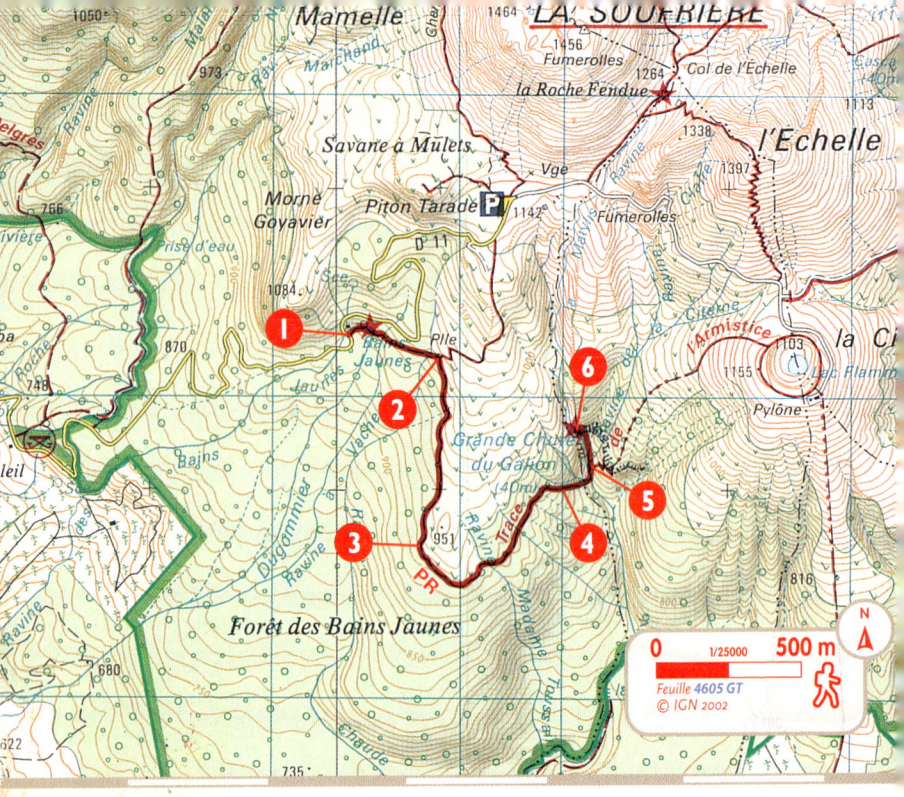

LES BAINS-JAUNES

C'est aux soldats d'infanterie de marine, envoyés aux Bains-Jaunes pour « s'acclimater », que l'on doit la construction, en 1887, du bassin en pierres encore en place aujourd'hui, ainsi que celle du sentier pavé dit du Pas-du-Roy menant à la Savane-à-Mulets, au pied du dôme de la Soufrière.

À cette époque, un pavillon à étage était implanté sur le site pour recevoir de façon préventive, ou en convalescence, les soldats victimes de fièvre typhoïde, de fièvre jaune, ou de dysenterie.

Non loin du bassin, aujourd'hui encore très fréquenté, se trouve, dressée, une stèle à la mémoire de ces courageux hommes de troupe.

BASSIN DES BAINS-JAUNES / PHOTO PNG

La **chute** du **Galion**

Au pied de la Soufrière, ce parcours à travers la végétation rabougrie se termine par le spectacle étonnant d'une chute de 40 m de hauteur.

1 Prendre le sentier pavé, passer devant la stèle de 1887, puis le bassin des Bains-Jaunes *(eau sulfureuse et ferrugineuse à la température de 29 à 30 °C)* et continuer par le sentier pavé. Franchir la ravine *(pavés glissants, prudence)*, puis contourner un gros éboulement *(provoqué en 1999 par le cyclone Lenny)* par la droite, à travers bois. Plus loin, rattraper le sentier pavé.

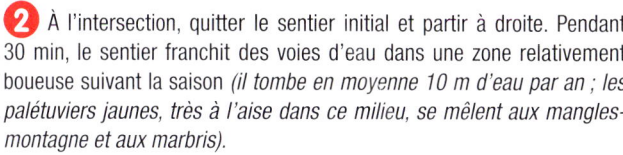

FUCHSIA MONTAGNE
(*CHARIANTUS ALPINUS*) /
DESSIN N.L.

2 À l'intersection, quitter le sentier initial et partir à droite. Pendant 30 min, le sentier franchit des voies d'eau dans une zone relativement boueuse suivant la saison *(il tombe en moyenne 10 m d'eau par an ; les palétuviers jaunes, très à l'aise dans ce milieu, se mêlent aux mangles-montagne et aux marbris).*

3 La trace quitte la zone humide pour se faufiler entre les racines des arbres à grands contreforts. Amorcer la descente en pente douce *(après 1 h de marche, le bruit de la rivière se fait entendre)* et arriver dans les derniers lacets *(contreforts d'un acomat-boucan et racines aériennes du palétuvier jaune).*

4 Emprunter avec prudence les entailles faites dans la roche pour descendre à la rivière du Galion qui se fraye un chemin dans un gros bloc de lave durcie. Traverser le cours d'eau et gagner un carrefour, en rive gauche.

> À droite, la trace de l'Armistice permet d'atteindre le sommet de la Citerne, mais elle est très raide *(300 m de dénivelée pour 1 h 30)* et délicate.

5 Tourner à gauche dans le sous-bois, parcourir encore 250 m dans la végétation avant d'apercevoir la chute, puis franchir la ravine de la Citerne et escalader la paroi à l'aide des cordes *(vérifier leur solidité avant de monter)* en place pour rejoindre le pied de la cascade.

6 Par la trace de l'aller, rejoindre le parking.

S SITUATION
massif de la Soufrière (commune de Saint-Claude), au nord-est de Basse-Terre par les N 3 et D 11

P PARKING
Bains-Jaunes

/ DÉNIVELÉE
altitude mini et maxi, dénivelée cumulée à la montée

990 m
850 m / 140 m

B BALISAGE
jaune

⚠ DIFFICULTÉS !
• pavés glissants entre **1** et **2**
• tronçons boueux puis présence de racines entre **2** et **4**
• escalade à l'aide de cordes fixes entre **5** et **6**

À DÉCOUVRIR...

> En chemin :
• vue sur la cascade et sur les Saintes
• chute du Galion

> Dans la région :
• parc floral et animalier Fauna-Flora
• Bonifierie de Morin : musée du Café et du Cacao
• Mango Fil : parcours ludiques dans les arbres

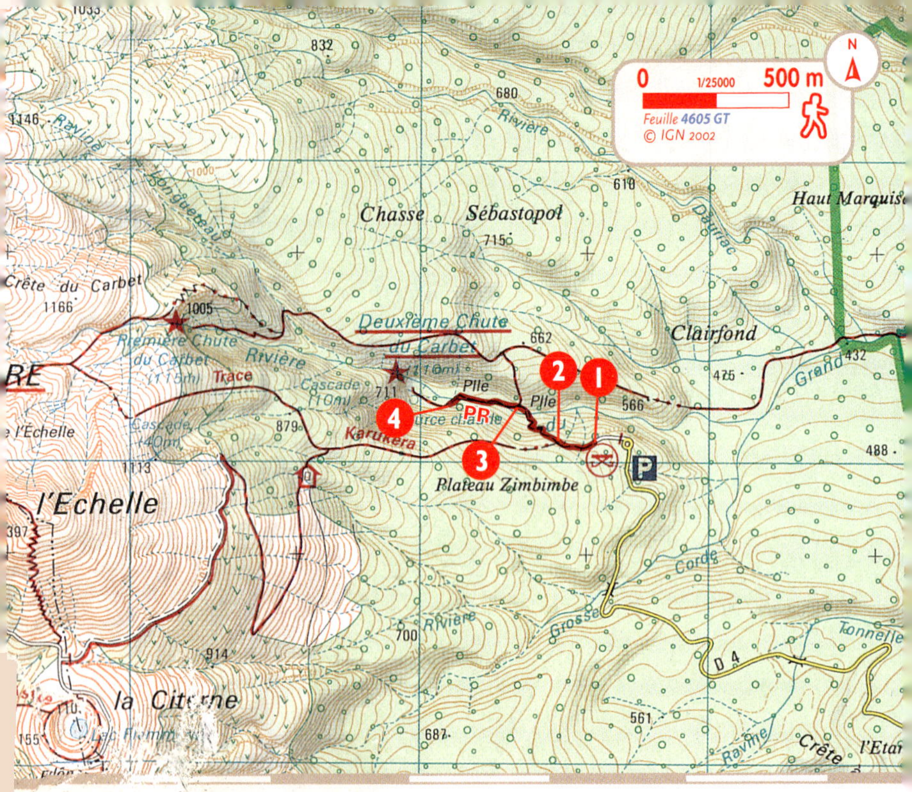

HISTOIRE
4 NOVEMBRE 1493

C'est sans doute à l'embouchure de l'actuelle rivière du Grand Carbet qu'eût lieu le 4 novembre 1493 la première rencontre entre les populations amérindiennes et les européennes.

Au terme de son second voyage, après quarante jours de traversée, Christophe Colomb fait halte au large d'une île volcanique qu'il baptise Sainte-Marie de la Guadeloupe. Il écrira : « C'était une île très montueuse ; l'un de ses pics en forme de diamant s'élevait à une telle hauteur que c'était merveille, et de son sommet jaillissait une très grande source qui répandait l'eau de tous côtés de la montagne ».

Les trois magnifiques chutes du Carbet ont sans doute valu à la Guadeloupe d'être baptisée « Karukéra » (L'île aux belles eaux) par les Indiens caraïbes.

CHUTES DU CARBET / PHOTO C.L./PNG

La **Deuxième chute** du **Carbet**

Partez à la découverte de l'une des plus célèbres cascades de la Guadeloupe.

> **Au départ du sentier, point de vue à droite sur les deux premières chutes du Carbet.**

❶ Prendre le chemin dallé en pierre qui s'élève en pente douce sur 200 m.

❷ Au carrefour, laisser à gauche la trace Karukéra et descendre vers la rivière à droite *(observer les nombreux gommiers blancs, gros arbres au tronc bien cylindrique d'où peut s'écouler une sève blanche odorante, baptisée « lansan » - l'encens).*

COLIBRI HUPPÉ
(*ORTHORYNCHUS CRISTATUS*) / DESSIN P.R.

❸ Franchir le pont qui enjambe la rivière du Grand-Carbet, puis laisser à droite le chemin d'accès à la Première chute du Carbet. Le sentier longe de nombreuses ravines et sources *(rechercher les crabes de rivière près des cours d'eau)* pour arriver au bord de la rivière.

> **L'accès à la première chute du Carbet est possible en prenant à droite. Sentier réservé aux bons marcheurs équipés correctement.**

❹ Depuis la berge, vous pouvez observer la Deuxième chute du Carbet. Reprendre le chemin en sens inverse pour regagner le parking.

PASSERELLE / PHOTO F.C./ONF

PR® 23

FACILE

1H • 1,5KM

S SITUATION
haut de Capesterre, par les N 1 et D 4 (route de L'Habituée)

P PARKING
terminus de la D 4

/ DÉNIVELÉE
altitude mini et maxi, dénivelée cumulée à la montée

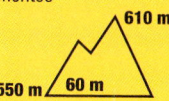

610 m
550 m / 60 m

B BALISAGE
jaune

! DIFFICULTÉS !
passages délicats en zones rocheuses

À DÉCOUVRIR...

> En chemin :
• nombreuses épiphytes
• forêt hygrophile (gommier blanc, châtaignier, acajou blanc)
• sources chaudes

> Dans la région :
• Capesterre : jardins de Saint-Éloi
• jardin Cantamerle
• Sainte-Marie : lieu de débarquement de Christophe Colomb, temple hindou, manioquerie de l'îlet Pérou
• plantation Grand-Café

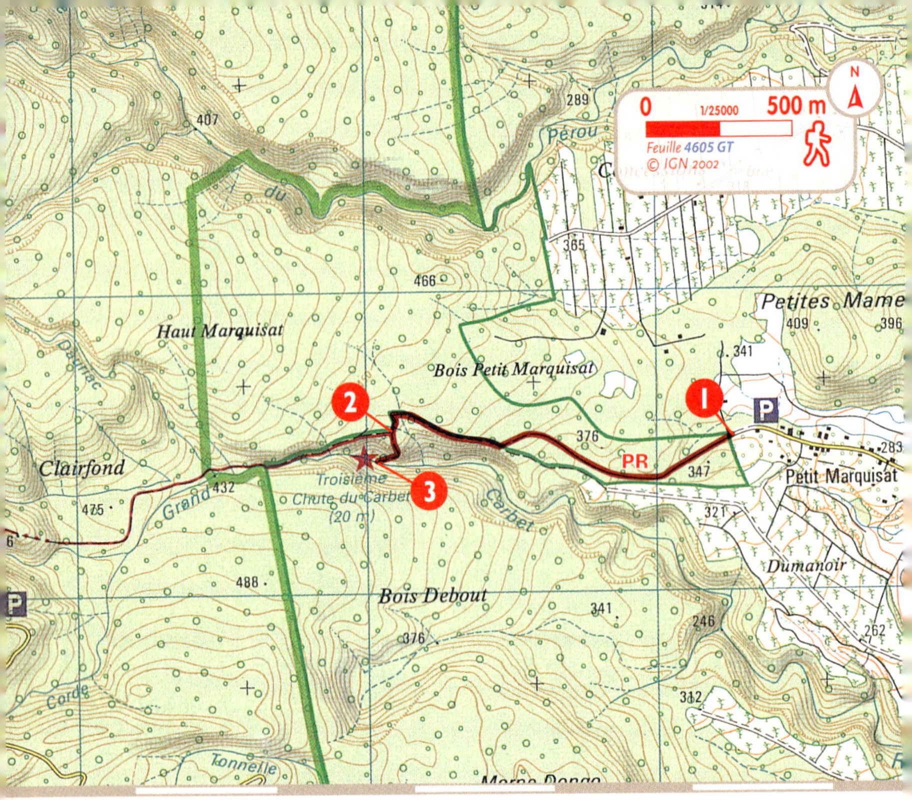

LES PLANTATIONS DE MAHOGANY

Importé du Honduras, le mahogany grandes feuilles (*Swietenia macrophylla king*) se trouve en forêt semi-humide, à la Côte-au-Vent, ainsi que sur divers terrains reboisés par l'ONF. C'est un bois de couleur brun rose clair, devenant un peu lustré en vieillissant. Il est très facile à travailler, et sert beaucoup en ébénisterie, en construction navale, ainsi que dans la fabrication d'instruments de musique.

La production de bois de cette essence est assurée par l'ONF sur une petite partie du territoire (environ 1 000 ha), en veillant à maintenir systématiquement un mélange d'essences sur les parcelles.

Il existe également en Guadeloupe le mahogany petites feuilles (*Swietenia mahogany*) très apprécié pour son grain de bois plus fin. On le trouve sur des zones plus sèches.

MAHOGANY GRANDES FEUILLES
(*SWIETENIA HETEROPHYL*
DESSIN N.L.

La **Troisième chute** du **Carbet**

Dans les hauteurs de Capesterre, partez pour une balade à travers la majestueuse forêt dense humide qui vous amènera jusqu'à la Troisième chute du Carbet.

❶ Au niveau de l'aire d'accueil, l'itinéraire débute à droite du carbet par un chemin pavé *(observer à droite une plantation de mahogany ; tout au long du sentier, bénéficier d'aménagements légers guidant et facilitant l'accès à la cascade)*. Rapidement, sur la gauche, un premier carbet, puis deux autres, accueillent le promeneur avec leurs tables-bancs. Plus loin, remarquer des installations pour le captage d'eau potable. Plusieurs platelages et passerelles permettent de traverser les passages boueux. Après environ 750 m, obliquer sur la droite à angle droit en montant par quelques marches. Le sentier serpente alors au milieu de la forêt dense humide *(remarquer certains arbres hauts de plus de 30 m)*. Traverser une petite ravine et gagner une bifurcation.

❷ Laisser sur votre droite l'accès aux première et deuxième chutes du Carbet, pour continuer tout droit. Prendre à droite après un carbet *(parfois, on entend déjà la chute depuis cet endroit)*. Amorcer la descente vers la chute d'eau en alternant avec des replats. La pente est assez raide, mais une main courante facilite la progression. Arriver sur une petite plateforme avec vue sur la Troisième chute du Carbet, haute de 30 m, et sa voûte végétale.

> Possibilité d'accéder à la rivière et au bassin en descendant sur la gauche par un escalier.

❸ Après avoir profité du site, regagner l'aire d'accueil par le même sentier. La montée est assez raide dans le sens du retour.

S **SITUATION**
Petit Marquisat, à 5 km à l'ouest de Capesterre-Belle-Eau par la D 3

P **PARKING**
aire de stationnement au bout de la route

/ **DÉNIVELÉE**
altitude mini et maxi, dénivelée cumulée à la montée

430 m

350 m 130 m

B **BALISAGE**
jaune

! **DIFFICULTÉS !**
• passages boueux
• montée et descente raides

LA TROISIÈME CHUTE DU CARBET /
PHOTO **ONF**

À DÉCOUVRIR...

> **En chemin :**
• plantation de mahogany
• forêt dense humide
• Troisième chute du Carbet

> **Dans la région :**
• allée Dumanoir
• la manioquerie (îlet Pérou)
• le cimetière aux Esclaves
• les Jardins de Saint-Éloi
• Deuxième chute du Carbet

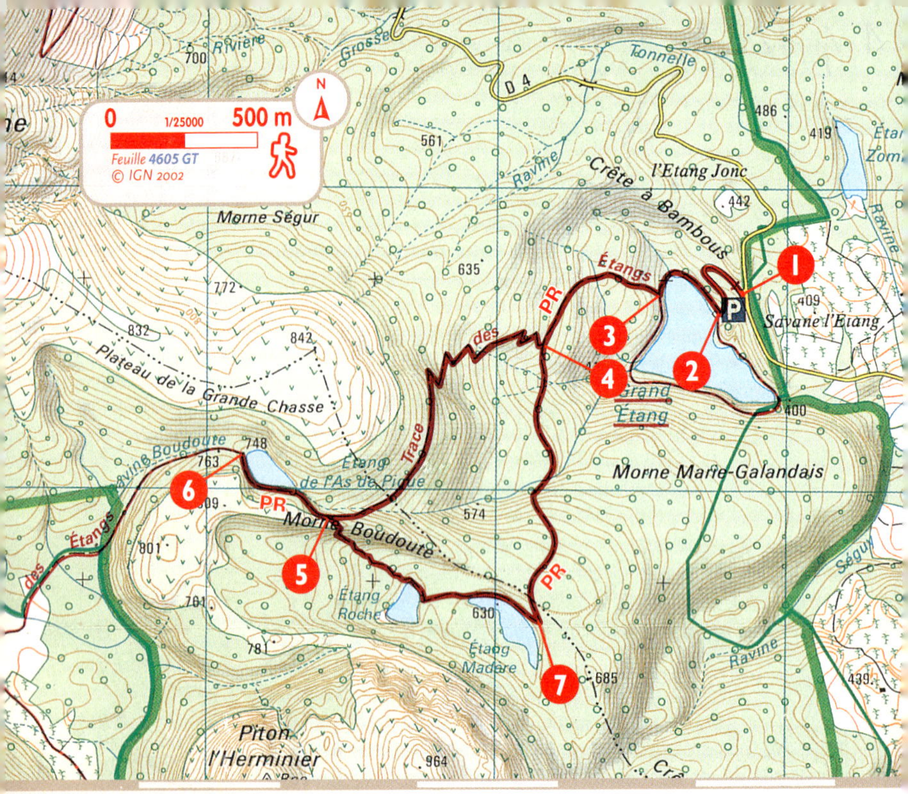

ENVIRONNEMENT

LES ÉTANGS

Au sud du massif de la Basse-Terre, les dépressions volcaniques ont formé plusieurs petits lacs de montagne, accessibles aux randonneurs par plusieurs sentiers.

Ces plans d'eau appelés étangs As-de-Pique, étang Zombi, étang Roche, étang Madère et Grand-Étang, le plus grand et le plus connu de tous, offrent un spectacle d'une rare beauté paysagère, et chacun d'eux présente un intérêt biologique spécifique. D'après la légende, une dame blanche viendrait hanter chaque année les bords de l'étang Zombi : elle y aurait été noyée par son mari, furieux qu'avec la complicité du commandeur de l'habitation, elle ait facilité la fuite des esclaves maltraités par le maître.

L'AS-DE-PIQUE / PHOTO R.M.

La **boucle** des **Étangs**

Ce parcours associe le Grand-Étang, l'ascension de l'As-de-Pique et la découverte, au pied de la Madeleine, de deux anciens étangs, Roche et Madère.

1 Du parking, descendre par la route d'accès sur 300 m, jusqu'au bord de l'étang *(panorama et panneaux d'information)*.

2 Revenir en arrière et emprunter le sentier à gauche qui longe l'étang dans la forêt tropicale humide.

ORCHIDÉE *(SPATHOGLOTTIS PLICATA)* / DESSIN N.L.

3 À la bifurcation, prendre le sentier à droite et monter progressivement vers l'étang As-de-Pique.

4 Au carrefour suivant, poursuivre tout droit. Le sentier s'élève, devient rocailleux et conduit à une intersection.

5 Continuer tout droit pour atteindre les bords de l'étang As-de-Pique *(il est difficile depuis ce point d'avoir une idée de la forme qui a donné son nom à ce petit lac)*. Longer l'étendue d'eau par la gauche et arriver dans une agréable zone de halte.

6 Rebrousser chemin vers l'intersection précédente.

5 Tourner à droite sur un sentier étroit et escarpé. Il franchit la crête du morne Boudoute, puis descend vers l'étang Roche ; le longer et continuer vers l'étang Madère, situé à la même altitude *(en arrière se dresse la Madeleine, imposant volcan aujourd'hui éteint)*. Roche et Madère sont deux anciens étangs en voie de comblement, souvent à sec.

7 Remonter à gauche le flanc du morne Boudoute, puis descendre en direction du Grand-Etang. Traverser deux ravines, puis retrouver le carrefour de l'aller.

4 Tourner à droite, poursuivre la descente et atteindre la bifurcation du Grand-Etang.

3 À gauche, rejoindre le carbet d'information.

2 Remonter par la route jusqu'au parking.

PR® 25

DIFFICILE

4H45 • 6KM

S SITUATION
haut de Capesterre, par les N 1 et D 4 (route de L'Habituée)

P PARKING
au Grand-Étang

/ DÉNIVELÉE
altitude mini et maxi, dénivelée cumulée à la montée

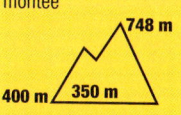

748 m
400 m / 350 m

B BALISAGE
jaune

! DIFFICULTÉS !
• risques de glissades
• présence de racines et de rochers

À DÉCOUVRIR...

> En chemin :
• Grand-Étang : observatoire ornithologique
• étangs Madère, Roche et As-de-Pique

> Dans la région :
• Capesterre : jardins de Saint-Éloi
• jardin Cantamerle
• Sainte-Marie : lieu de débarquement de Christophe Colomb, temple hindou, manioquerie de l'îlet Pérou
• plantation Grand-Café

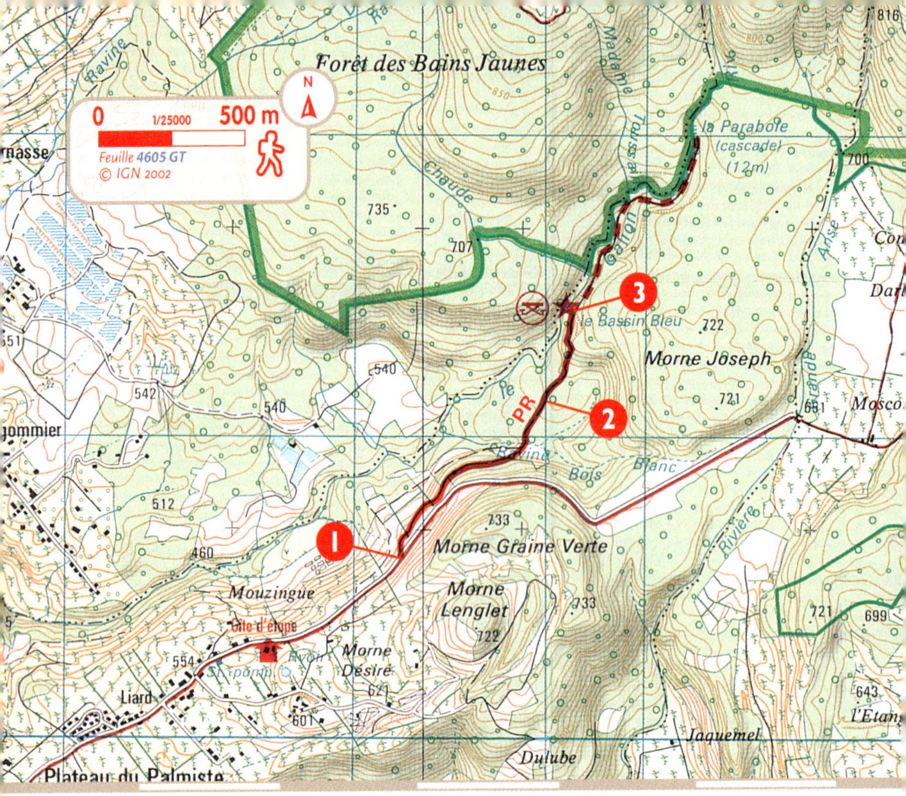

ENVIRONNEMENT

L'EAU EN GUADELOUPE

En Guadeloupe, l'eau tombe et ruisselle partout. Elle imbibe le sol, creuse des fossés, emporte parfois tout sur son passage... En altitude (1 300 m), dix à douze mètres de pluie s'abattent chaque année sur une végétation saturée d'humidité.

Les rivières incisent les roches les plus dures, façonnent par rigoles, éboulements, voire glissements de terrain, des rives souvent luxuriantes de verdure. Ces cours d'eau finissent par former des rivières qui se jettent dans les criques marines ou les marécages de la mangrove. Chutes du Carbet, cascade aux

Écrevisses, chutes de Moreau, Grande Rivière des Vieux Habitants, rivière du Galion... Baptisée « l'île aux belles eaux » (Karukéra) par les populations amérindiennes, la Guadeloupe portait bien son nom avant l'arrivée de Christophe Colomb...

BASSIN BLEU / PHOTO R.F.

La **trace** du **Bassin Bleu**

Une petite balade au bout de laquelle chacun pourra profiter d'une baignade fraîche dans un bassin d'eau cristalline.

TYRAN GRIS
(*TYRANNUS DOMINICENSIS*) /
DESSIN P.R.

1 S'engager dans le chemin bétonné qui descend sur la gauche et se transforme en chemin caillouteux *(observer les fleurs roses d'impatiens, chercher son fruit, appuyer délicatement dessus et...).* Ensuite, sur environ 800 m, le chemin est bordé de bananiers. Passer en lisière d'un champ avant d'enjamber une petite ravine et d'entrer sous la voûte de la forêt dense humide. Atteindre trois carbets *(aire de pique-nique).*

2 Garder la direction sur 400 m pour découvrir le Bassin Bleu *(ancien captage d'alimentation en eau potable ; cette grande cuvette creusée dans la lave volcanique est surmontée d'un toboggan naturel et d'une petite cascade ; en amont du bassin, il existe d'autres bassins de plus petites dimensions).*

> Possibilité, en marchant dans la rivière, d'accéder à la cascade de la Parabole *(1 h aller ; prudence).*

3 Revenir par le même chemin.

S SITUATION
plateau du Palmiste, direction Bassin Bleu, à 8 km au nord-est de Basse-Terre par les N 1 et D 10 (commune de Gourbeyre D 10)

P PARKING
en bord de route

/ DÉNIVELÉE
altitude mini et maxi, dénivelée cumulée à la montée

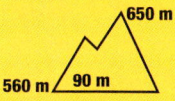

650 m
560 m / 90 m

B BALISAGE
aucun

! DIFFICULTÉS !
• passage boueux
• surveiller le niveau des eaux en cas de pluies

À DÉCOUVRIR...

> En chemin :
• bananeraie
• aire de pique nique, baignade
• cascade
• forêt hygrophile

> Dans la région :
• sources chaudes de Dolé
• la sylvathèque : centre d'éducation à l'environnement de l'ONF
• marina de Rivière Sens
• Fort Delgrès
• le Houëlmont

ROSE DE PORCELAINE /
PHOTO C.F./ONF

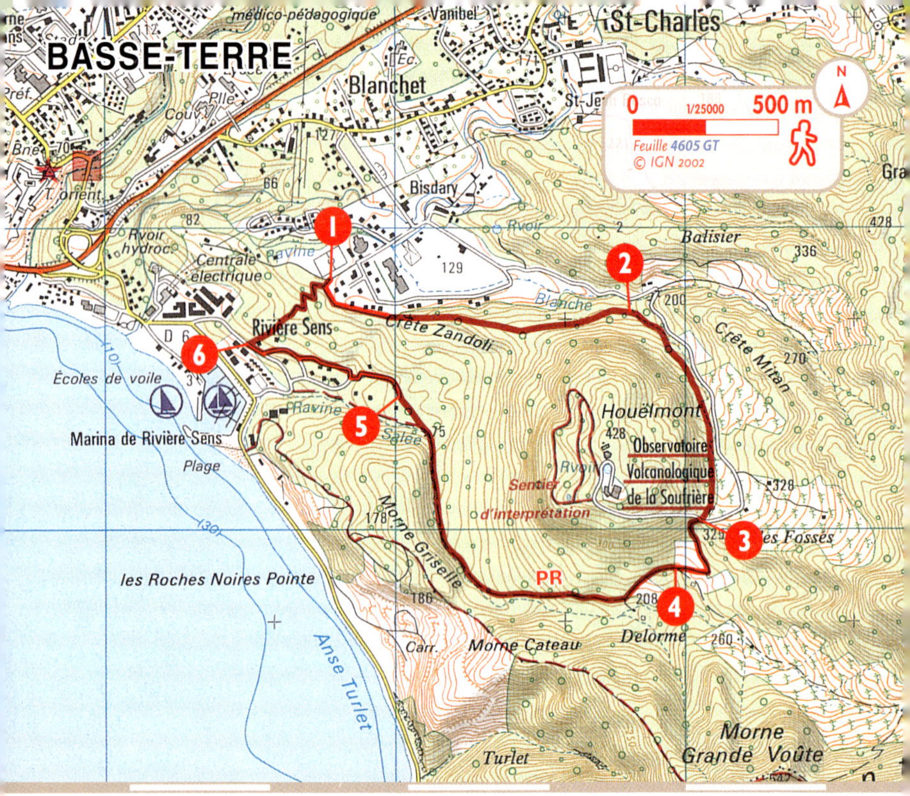

PATRIMOINE

L'OBSERVATOIRE VOLCANOLOGIQUE ET SISMOLOGIQUE DE GUADELOUPE

PHOTO C.F./ONF

L'observatoire surveille l'évolution de la composition chimique des gaz fumerolliens et des sources thermales et contribue à la reconstruction de l'his-

toire géologique du volcan. Il a joué un rôle primordial lors de l'éruption de 1976, en détectant une hausse de l'activité sismique qui aurait pu être le prélude à une éruption magmatique. L'observatoire est installé depuis 1992 au sommet d'un relief volcanique vieux de 500 000 ans, le Hoüelmont. Ce site, à 430 m d'altitude, permet la bonne réception par radio des données provenant des capteurs installés sur le volcan qui enregistrent en permanence la sismicité, les déformations, les variations locales du champ magnétique terrestre et la température au fond du forage.

Le **tour** du **Houëlmont**

Le sentier du Houëlmont vous conduira à travers le massif volcanique du sud de la Basse-Terre, vous fera découvrir une forêt d'une richesse exceptionnelle, et deux vestiges de cimetières datant de l'époque coloniale...

❶ Laisser le stade derrière soi et entrer dans le sous-bois au niveau d'un panneau du Conservatoire du Littoral en passant un petit talus. Après avoir parcouru environ 100 m, observer une première tombe à gauche. Suivre la crête au-dessus des habitations *(point de vue sur le massif de la Soufrière)* et garder la direction

FLEUR DE GENIPA
(GENIPA AMERICANA) /
DESSIN N.L.

en dépassant une formation forestière tropicale sèche avec ses gommiers rouges, ses courbarils *(observer les gousses marron au sol)*, et ses savonnettes, jusqu'à une borne domaniale *(ne pas emprunter un sentier sur la droite, qui, s'il conduit en haut du Houëlmont, éloigne du parcours initial et est moins bien balisé ; continuer tout droit)*. Poursuivre et arriver face à une ravine *(seconde borne)*.

❷ Suivre le sentier sur la droite et longer la ravine *(remarquer une plantation de Mahogany)*. Le sentier débouche sur la route de l'observatoire volcanologique de la Soufrière ; la traverser ainsi que la ravine.

❸ S'engager sur un chemin pavé situé à gauche d'un panneau ONF. Dans la descente, suivre le chemin qui fait un angle droit *(poirier pays remarquable)* et gagner une bifurcation.

❹ Aller en face, et, après une cépée de bambous, laisser une maison sur la gauche pour prendre le sentier enherbé qui ramène en sous-bois *(repérer sur la gauche une seconde tombe)*. Pendant la descente, observer le passage de la forêt semi humide à la forêt sèche. L'itinéraire longe le morne Griselle puis rejoint une route à la sortie de la forêt.

❺ Suivre la route à droite : elle traverse un lotissement surplombant la marina de Rivière Sens. Ignorer des rues à gauche et atteindre un replat au niveau d'une barrière recouverte d'une clôture *(à gauche de la route)*.

❻ Prendre à droite le sentier qui rejoint le sous-bois, puis bien suivre le sentier empierré sur la gauche qui ramène au départ.

S SITUATION
stade municipal de Gourbeyre à Bisdary, au sud-ouest de Basse-Terre par la route de Saint-Charles (suivre DSDS)

P PARKING
le long du chemin et du stade

/ DÉNIVELÉE
altitude mini et maxi, dénivelée cumulée à la montée

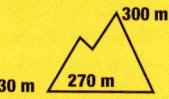
300 m
30 m / 270 m

B BALISAGE
jaune

⚠ DIFFICULTÉS !
passage rocheux

À DÉCOUVRIR...

＞ En chemin :
• cimetières coloniaux
• observatoire volcanologique de la Soufrière
• forêt sèche et semi-humide

＞ Dans la région :
• marina de Rivière Sens
• plage, club nautique

HISTOIRE
LES INDIENS CARAÏBES

Depuis plus de deux mille ans, des vagues successives de peuplades amérindiennes sont venues, depuis l'Amérique du Sud, coloniser les Petites Antilles.

ROCHE GRAVÉE / PHOTO C.F./ONF

Les Indiens caraïbes furent les derniers arrivants aux alentours de l'an 1000. Ils s'installèrent après avoir chassé et parfois massacré leurs prédécesseurs, les Arawaks de mœurs plus pacifiques.

Établi sur le littoral à proximité des cours d'eau, ce peuple semi-nomade vivait de la culture du manioc, de la pêche, et de la chasse.

Ils furent décimés à leur tour dès les premières années de la colonisation française débutée en 1635. Quelques familles survécurent à la Martinique et dans le nord de la Guadeloupe jusqu'à la fin du XVIIIe siècle. Il reste aujourd'hui une colonie des descendants des Caraïbes dans l'île de la Dominique.

Le **sentier** de la **Grande Pointe**

PR® **28**

MOYEN

3H • 2,5KM

Un itinéraire unique en Guadeloupe où s'entremêlent le patrimoine militaire *(la batterie et sa poudrière)*, le passé sucrier *(ancien moulin à vent et vestiges d'une sucrerie)* et le patrimoine amérindien *(pétroglyphes)*.

FIGUIER MAUDIT (CLUSIA ALBA) / DESSIN N.L.

S **SITUATION**
Trois-Rivières, par la N 1 vers Pointe-à-Pitre puis, au pied du morne Sapotille, par la route en béton de la Grande-Pointe

P **PARKING**
terminus de la route

/ **DÉNIVELÉE**
altitude mini et maxi, dénivelée cumulée à la montée

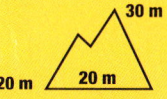

30 m
20 m — 20 m

B **BALISAGE**
panneaux et flèchage

! **DIFFICULTÉS !**
• descente délicate sur 50 m après **1**
• par mauvais temps (grosse pluie), traversée délicate de la rivière Coulisse (montée des eaux)
• prévoir un véhicule pour le retour

1 S'engager sur le sentier à travers la végétation *(manguier, fruit-à-pain, galba, poirier-pays, etc.)*. La trace descend durant 15 min jusqu'à Grande Ravine, petite crique souvent souillée par de nombreux déchets rejetés par la mer. Longer le littoral *(végétation constituée de poiriers-pays, de raisiniers bord-de-mer et de merisiers taillés en drapeaux par les alizés)* et gagner la Grande Pointe *(ruines d'une ancienne batterie du XVIIIᵉ siècle avec ses canons et sa poudrière)*.

2 Continuer à travers une végétation plus dense *(figuiers maudits)* durant 20 min et arriver à l'ancien moulin à vent de la Coulisse *(partie de l'habitation sucrière ; le moulin restauré est recensé comme étant le seul moulin à vent de la Basse-Terre)*.

3 Poursuivre par le sentier et atteindre le pied d'une source *(un gros rocher offre une scène peu courante dessinée par les Caraïbes : un accouchement dans l'eau. Respecter ce monument fragile, ne marchez pas sur les roches gravées)*.

> À proximité, plage des Galets où, sous les gigantesques raisiniers bord-de-mer, se trouve une petite cuvette où se mélangent eau douce et eau salée.

4 Franchir la rivière et grimper jusqu'à la route. La suivre à gauche pour rejoindre le parking en contrebas *(aire de pique-nique aménagée de Duquery)* **5**.

> Possibilité de poursuivre la promenade jusqu'au Parc archéologique des Roches-Gravées du village du Bord-de-mer (45 min, 1,5 km) par le sentier d'Acomat.

À DÉCOUVRIR...

> **En chemin :**
• ouvrages militaires
• moulin à vent
• pétroglyphe
• aire de pique-nique de Duquery
• baignade

> **Dans la région :**
• Trois-Rivières : parc archéologique, plage de Grande-Anse
• musée de la Graine
• musée de la Banane

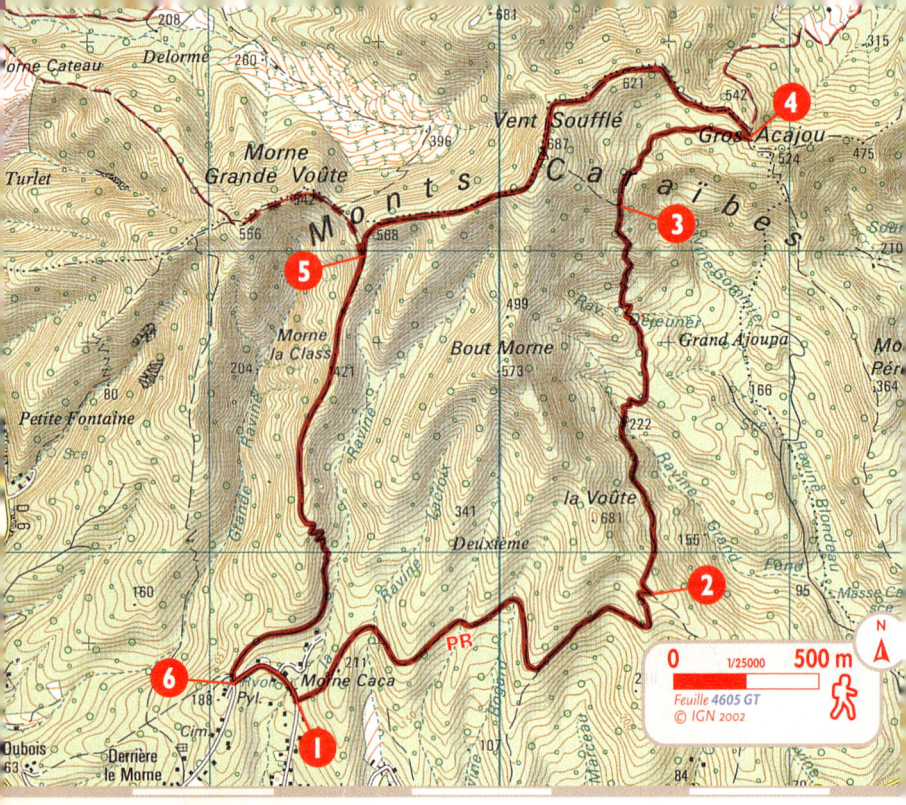

LA SOURCE CHAUDE DE DOLÉ

Sur la Basse-Terre, se trouvent de nombreuses sources thermales, alimentées en eau chaude provenant du volcan. Parmi les premières stations thermales et climatiques de la Guadeloupe, les sources d'eau chaudes de Dolé sont réputées efficaces contre les rhumatismes. Si le grand bassin a disparu, le « bain des Amours » est toujours très fréquenté, de jour comme de nuit, par les connaisseurs qui apprécient ses 33 °C. Un bain public d'eau naturellement chaude est accessible sur la route. Un bassin en béton a été aménagé.

L'eau de Dolé, c'est aussi l'eau de source « Capès » mise en bouteille à l'usine.

LES MONTS CARAÏBES / PHOTO G.B.

Les **monts Caraïbes**

De nombreux sportifs arpentent la trace des Monts-Caraïbes qui part sur les hauteurs de Vieux-Fort pour arriver à Chamfleury ou à Rivière-Sens. Itinéraire réservé aux randonneurs entraînés et par beau temps ! La forte dénivelée vous permettra d'observer le passage de la forêt sèche à la forêt semi-humide. Soyez attentif !

1 Prendre le chemin sur la droite avant le pont, puis tourner à gauche pour longer une ravine sur environ 400 m. Traverser la ravine Lacroix, puis deux autres ravines. Rester sur l'itinéraire montant et atteindre une bifurcation.

2 Virer à gauche *(point de vue sur le morne Pérelle et sur Grande Anse de Trois-Rivières)* et descendre jusqu'à la ravine Grand Fond *(voir les palmiers royaux et cocotiers)* ; la traverser et franchir une petite montée pour rejoindre la ravine Déjeuner *(observer ignames, arbres à pain, bananiers, cacaoyers et abricotiers pays, restes d'une fréquentation passée)*. Amorcer alors la montée *(210 m de dénivelée sur 400 m)*. En haut de pente, gagner une bambouseraie.

3 Continuer l'ascension en face et parvenir au carrefour de Gros Acajou.

> Possibilité en descendant à droite de rejoindre Champfleury *(1 km, 15 min)*.

4 Monter à gauche et suivre la crête pour atteindre le Vent Soufflé, point culminant de l'itinéraire *(687 m ; point de vue sur la Soufrière, la Madeleine, Petite Montagne, etc.)*. Descendre par le sentier en crête *(des cheveux d'ange, ou barbe mulâtre, suspendus dans les houppiers des arbres, donnent un caractère mystérieux à la forêt sèche)*. Ignorer un sentier venant de droite et conduisant au Houëlmont et continuer tout droit sur 750 m. Arriver à un carrefour, marqué par un imposant figuier.

> Possibilité d'atteindre le morne Grande Voûte par le sentier à droite en direction de Rivière-Sens *(20 min)*.

5 Obliquer à gauche ; le sentier descend dans un cortège d'essences de forêt sèche au milieu des sandragons. Poursuivre par un chemin enherbé jusqu'à un château d'eau.

6 Rejoindre la route et la suivre à gauche pour retrouver le départ.

SAVONETTE
(LONCHOCARPUS BENTHAMIANUS) /
DESSIN N.L.

S **SITUATION**
route de Matouba, à 1 km au nord de Vieux-Fort

P **PARKING**
le long de la route, à proximité du pont

/ **DÉNIVELÉE**
altitude mini et maxi, dénivelée cumulée à la montée

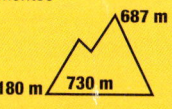

687 m
180 m   730 m

B **BALISAGE**
jaune

! **DIFFICULTÉS !**
• pente raide et parfois glissante
• forte dénivelée

À DÉCOUVRIR...

> **En chemin :**
• forêt sèche et semi-humide
• point de vue

> **Dans la région :**
• Vieux Fort : le Phare, centre de Broderie et des Arts textiles (ancien fort l'Olive), anse Dupuy
• Trois-Rivières : port de pêche, parc archéologique des Roches-Gravées, plage de Grande Anse
• Gourbeyre : marina de Rivière Sens, observatoire volcanologique, source d'eau chaude de Dolé

Découvrir
la Grande-Terre

La Grande-Terre, l'une des deux plus grandes îles (585 km^2) de l'archipel guadeloupéen, est constituée d'un grand plateau calcaire d'origine corallienne reposant sur un socle volcanique ancien érodé. L'altitude moyenne n'y dépasse pas 135 mètres.

Ce n'est ni la plus grande, ni la plus haute des îles de l'archipel : c'est à la Basse-Terre que paradoxalement reviennent ces privilèges. Au XVIIIe siècle, les marins dénommaient « basse-terre » les terres situées sous le vent, c'est-à-dire en aval du vent et donc touchées après les îles « au vent », découvertes les premières.

Le contraste entre les deux îles est saisissant. Caractéristiques de la Grande-Terre : la faiblesse des précipitations, la sécheresse du sol et la pauvreté de la végétation, l'absence de tout cours d'eau pérenne.

La Grande-Terre offre pourtant une grande variété de paysages que le randonneur averti pourra observer avec intérêt. Au nord, les grandes falaises calcaires de la pointe de la Grande Vigie. À l'ouest, les mangroves et les zones marécageuses du Grand Cul-de-Sac Marin. Au sud, les côtes sableuses, ainsi que les rochers abrupts de la pointe des Châteaux…

Au cœur de l'île, la zone des Grands-Fonds forme un ensemble original de mornes (collines) et de fonds (vallons) où de nombreuses mares et dolines servent d'abreuvoirs aux animaux d'élevage.

Les grandes étendues plates telles que la plaine de Grippon ou la plaine des Mangles ont permis l'implantation, dès le XVIIe siècle, d'exploitations cannières de grande ampleur, qui sont aujourd'hui encore sillonnées par les anciennes voies ferrées des trains de cannes chargés de transporter leur marchandise du cœur des champs jusqu'aux usines à sucre.

PHOTOS
(ci-contre) FALAISES SUR GRANDE-TERRE / ONF
(ci-dessus) LES FALAISES / ONF

ENVIRONNEMENT

LES SALINES

La Guadeloupe, par son insularité, son climat, possède des milieux naturels très variés dont celui des salines, un type d'interface terre et mer.

Situées entre le cordon littoral et la terre ferme, ce sont des étendues formées d'eau saumâtre à très salée. Elles sont alimentées par la mer lors de fortes houles qui franchissent la bande sableuse, ainsi que par capillarité, et par les pluies.

Au cours de l'année, le niveau d'eau fluctue dans les salines. Elles peuvent d'ailleurs complètement disparaître en période de sécheresse.

Elles sont bordées principalement de palétuviers gris et noirs et de mancenilliers, et permettent à de nombreux oiseaux migrateurs de trouver un lieu de repos durant l'hivernage.

PLAGE DE SAINT-FELIX / PHOTO ONF

Le **littoral** de **Saint-Félix**

En alternant entre pâturages et plages, ce sentier côtier vous mènera de la Saline à la pointe Canot en passant par la plage de Saint-Félix, lieu de détente, moins fréquenté, qui a su garder un côté sauvage !

AMANDIER PAYS
(*TERMINALIA CATAPA*) /
DESSIN N.L.

S SITUATION
la Saline, à 5 km à l'est de Gosier par la N 4

P PARKING
plage de la pointe de la Saline

/ DÉNIVELÉE
altitude mini et maxi, dénivelée cumulée à la montée

10 m

0 m   10 m

B BALISAGE
jaune et bornes

! DIFFICULTÉS !
équipements endommagés

1 Longer la plage de la pointe de la Saline *(de nombreux soldats débarquèrent sur cette plage, le 2 juin 1794 pour apporter le premier décret lors de la première abolition de l'esclavage)* ; *(vous aurez peut-être l'occasion de voir les « ailes » des kytes surfeurs dans le ciel : la plage se prête très bien à la pratique de ce sport !)*. Au bout de la plage, bifurquer sur la droite en longeant le littoral. Contourner ainsi la saline *(observer la mangrove sur la droite)*. Pénétrer sous une voûte de catalpas, puis passer à travers des champs. Suivre un chemin empierré *(point de vue)* et parvenir à une bifurcation.

2 Prendre à gauche pour aller franchir un fossé et une barrière au milieu d'habitations. Atteindre une route ; la suivre à droite sur 50 m.

3 Tourner à gauche au niveau d'un manguier pour s'engager sur un chemin en béton jusqu'au Village Caraïbes. Face à un restaurant, prendre à gauche, puis une nouvelle fois à gauche pour rejoindre l'anse du Mont. La longer par la droite *(l'anse est équipée d'un port de pêche)*. Sur la droite, un observatoire ornithologique permet de faire une halte aux abords d'une zone humide non permanente *(un panneau du Conservatoire du Littoral donne des renseignements sur le site)*.

4 Longer ensuite la plage de l'anse Canot à l'ombre de la forêt du littoral. Arriver au bout de la plage, au niveau des cocotiers : aller à droite et atteindre une bifurcation.

5 Obliquer à gauche pour rejoindre la pointe Canot *(point de vue imprenable sur la Basse-Terre, Marie-Galante, la barrière de corail)*. Descendre le long du littoral. Contourner la mare par la droite en suivant le balisage.

> Possibilité, en allant tout droit, de rejoindre l'anse Vinaigri *(30 min)*.

6 Tourner à droite et revenir vers l'anse du Mont.

5 Reprendre le sentier en sens inverse pour retourner au départ.

À DÉCOUVRIR...

> **En chemin :**
• aire de pique-nique
• plages, baignade
• mangrove, saline, mare
• observatoire ornithologique
• point de vue

> **Dans la région :**
• l'îlet du Gosier
• la marina, l'aquarium de Guadeloupe
• Saint-Félix
• le fort Fleur-d'Épée

Map markers: Bernard, PR, Béline, 5, Anc. moulin, Fonds Thézan, Ec., Simonet, Orat., Orat., 70, 6, Mare Gaillard, Bne, 36, 4, Morne Jacques, 41, 3, Petit Havre, 2, Anse à Saint, Plage, 9, Anse Jacques, Anc. fort, Pointe Lariette, 1, Anse Patate, Petit Havre, Pointe du Petit Havre, Plage, Pointe de la Saline

0   1/25000   500 m
Feuille 4603 GT
© IGN 2002

ENVIRONNEMENT
LES GRANDS-FONDS

C'est l'une des régions les plus secrètes et les moins accessibles de l'île. Le paysage est spectaculaire. Les Grands-Fonds sont une succession de collines calcaires et de vallées à la topographie « chenillée », formées par le ruissellement des eaux de pluie. Entre mornes (collines) et vallées, un labyrinthe de routes et de chemins de terre relie des villages à la toponymie évocatrice : Deshauteurs, Belle-place, Grand-Bois, Cocoyer, Bellevue, Fonds-Bambous ou encore Matignon, Le Prince, Mathu-rin, etc., marqueurs de l'histoire du pays. La région toute entière est une grande zone maraîchère, où poussent à profusion les arbres à pain, les manguiers, les poiriers-pays, les cocotiers… Çà et là, des cases sont entourées de jardins créoles où est cultivé l'essentiel des plantes assurant le quotidien antillais depuis des siècles : bananes, papayes, aubergines, tomates, ignames, avocats, gombos, piments, etc. On y trouve également des arbres typiques tels que le bois de rose, le sablier, le courbaril, ou encore le génipa.

LES GRANDS-FONDS / PHOTO ONF

Boucle de Anse à Saint

FACILE

3H • 6KM

Entre Gosier et Saint-Anne, une visite idyllique d'un littoral tout en pointes et en criques, suivie d'une excursion entre mangrove humide et forêt sèche.

1 Du parking, traverser la plage du Petit-Havre. Cheminer sur le rivage en direction de l'est (vers la gauche), puis emprunter le sentier forestier qui monte vers la pointe du Petit-Havre, annoncée par un gros mapou au tronc impressionnant *(sur cette pointe subsistent les vestiges d'une batterie du XVIII⁰ siècle, ancien fortin qui protégeait l'anse du Petit-Havre et veillait sur les navires français au mouillage).*

CAMPÈCHIER
(*HAEMATOXYLON CAMPECHIANUM*) /
DESSIN N.L.

2 Poursuivre par le chemin vers l'anse à Jacques puis l'anse Patate *(chaque pointe donne l'occasion d'admirer les anses enjolivées de petites plages accueillantes ; de nombreux mancenilliers sont signalés par un cercle de peinture rouge à même le tronc ; bien suivre le sentier balisé en jaune).* Dépasser la pointe Lariette pour arriver à l'anse à Saint *(jolie plage boisée, interface entre la mer et la mangrove captive au pied des mornes ; petits crabes jaunes appelés « mal zoreille »).*

> Possibilité d'arrêter la balade à ce point et de faire demi-tour pour regagner le parking.

3 Emprunter le chemin situé à gauche en arrivant sur la plage ; il chemine entre forêt sèche et mangrove humide. Passer par une prairie humide et des petits jardins, et parvenir à la N 4.

4 Traverser la route au niveau du petit pont *(prudence ! Possibilité de passer sous le pont lors de la saison sèche)* ; emprunter un chemin rural situé juste après ce pont.

5 À la première intersection, tourner à gauche. Passer une belle mare (à droite du chemin) ; remonter à gauche, de la vallée vers le plateau où la forêt cède la place aux premières maisons de Bernard. Continuer à gauche sur la route jusqu'au carrefour avec la N 4.

6 Traverser la route *(prudence !)* et s'engager sur la route en cul-de-sac en face légèrement à gauche. Presque au fond, prendre à gauche un chemin très enherbé entre deux maisons. Continuer dans une ravine à travers une zone boisée vers Petit-Havre pour retrouver le point de départ.

S SITUATION
Petit-Havre, à 9 km à l'est de Gosier par la N 4

P PARKING
plage

/ DÉNIVELÉE
altitude mini et maxi, dénivelée cumulée à la montée

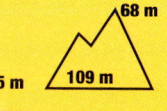

68 m
5 m / 109 m

B BALISAGE
jaune

! DIFFICULTÉS !
sentier boueux et glissant après une pluie

À DÉCOUVRIR...

> En chemin :
• vestiges d'une batterie XVIIIe
• plages de Anse à Jacques, Anse Patate et Anse à Saint
• mangrove, forêt sèche, mare
• jardins créoles

> Dans la région :
• Saint-Anne : église, plage publique, plage de la Caravelle, Bois-Jolan, Pitt de Fouché, moulin de Dampierre
• Gosier : plage de Saint-Félix, marina, aquarium de Guadeloupe, fort Fleur d'Epée

Map showing a coastal route numbered 1 to 7, including locations such as le Helleux, Gros Sable, Trou l'échelle, Trou à Coa, Plage de Bois Jolan, Congo, Lambi, Pointe du Belley, Anse du Belley, Bois Jolan, Gissae, Châteaubrun, Cinq Cents Pas.

0   1/25000   500 m
Feuilles 4603 GT - 4604 GT
(réduites)
© IGN 2002

PATRIMOINE
LES COURSES DE BŒUFS-TIRANTS

La course de bœufs-tirants est une attraction typiquement guadeloupéenne qui a lieu chaque année, de juin à novembre, sur la Grande-Terre et à Marie-Galante. Les bœufs qui tiraient jadis les « cabrouets », charrettes chargées de canne à sucre, se transforment pour l'occasion en athlètes pour tracter d'énormes charges sur une côte raide. L'évènement est réglementé. Les bœufs, attelés par paire, doivent tirer un poids variable selon la catégorie, de 1 300 à 1 700 kg. Le parcours, encadré par des poteaux, se déroule sur 90 m et les bœufs ne doivent pas s'en écarter, sous peine d'élimination de l'attelage. Les coups de fouets sont également limités et ne doivent pas excéder la douzaine. Ces concours sont souvent l'occasion d'engager des paris.

BŒUF ET CABROUET / PHOTO ONF

Bois **Jolan**

Une promenade qui vous fera découvrir un très beau massif forestier composé essentiellement de mapous noirs sculptés par le vent et deux plages très réputées en Guadeloupe : le Helleux et Bois-Jolan. Un moment de détente à la rencontre de paysages typiques de la Grande-Terre : ses plages de sable blanc, ses lagons et sa mangrove !

> **Le sentier débute prés de l'hôtel Pierre et Vacances. Juste avant l'hôtel, prendre la route à droite sur 100 m.**

1 Le sentier début à gauche face a l'antenne de télécommunication. Descendre vers le littoral, arriver sur une petite savane. Longer le littoral sur la droite à travers des bosquets de forêt sèche et des savanes ; arriver à la plage du Helleux.

2 Longer la plage du Helleux où se regroupent souvent les surfeurs (les vagues sont réputées sur cette plage !) pour passer entre un étang et la mer. Au bout de la plage, sur la droite, le sentier mène en sous-bois (ici possibilité de faire le tour de l'étang en 30 min).
> **Si l'étang déborde et bouche le sentier, longer encore la plage sur 5 m et emprunter le premier sentier à droite, qui rejoint le sentier principal.**

3 Suivre la trace qui longe le littoral.

4 Sur la plage, le sentier serpente entre la plage et le sous-bois (raisiniers bord-de-mer) de la plage (la plage de Bois-Jolan a la réputation d'être le refuge des amoureux ; longue et étroite, protégée par la barrière de corail, elle est très agréable même si l'eau est peu profonde ; les eaux transparentes sont d'un superbe vert émeraude).Traverser une canalisation en béton. Suivre un chemin enherbé coincé entre les champs de canne et la plage et arriver à une bifurcation.

5 Par la gauche, dépasser des enrochements (observer une marre sur les hauteurs), puis continuer tous droit sur le sentier côtier en terre ; il débouche dans la mangrove (observer les palétuviers).

6 Passer sur un platelage installé par le Conservatoire du littoral qui traverse l'étang Lambi. Le sentier se poursuit entre mangrove et forêt sèche jusqu'à l'Anse Belley (point de rencontre des kitesurfeurs), point final de la balade.

PELICAN BRUN
(*PELECANUS
OCCIDENTALIS*) /
PHOTO R.v.D.P./ONF

7 Reprendre le même itinéraire pour revenir au départ.

S SITUATION
hôtel Pierre et Vacances, à 7 km au nord-est de Sainte-Anne par la N 4

P PARKING
parking de la plage du Helleux

/ DÉNIVELÉE
altitude mini et maxi, dénivelée cumulée à la montée

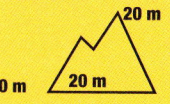

0 m · 20 m · 20 m

B BALISAGE
jaune

! DIFFICULTÉS !
itinéraire en aller-retour

À DÉCOUVRIR...

> En chemin :
• plage du Helleux, Bois-Jolan, baignade
• étang, mangrove
• barrière de corail

> Dans la région :
• Sainte-Anne : église, plage publique, plage de la Caravelle, théâtre de pierres, Pitt de Fouché, moulin de Dampierre, Saint-Félix

Le **sentier** de la **pointe** des **Châteaux**

Ce sentier côtier relie deux sites de grand intérêt écologique et historique. La pointe des Châteaux fait d'ailleurs l'objet d'une opération d'aménagement et de protection de grande ampleur : l'opération Grand Site. Bonne balade !

❶ Depuis la plage de l'anse à la Gourde, à l'ombre d'un carbet, partir sur la droite *(vue sur des éoliennes et sur l'Eperon, un îlet au large de la Guadeloupe)*, puis traverser des enrochements. Plus loin, le chemin de sable sillonne entre les fourrés *(sable blanc, mer turquoise et bancs de corail, l'anse à la Gourde possède toutes les qualités d'une plage de rêve ; mais c'est aussi, un haut lieu dans l'histoire de l'île : des fouilles ont révélé que l'anse à la Gourde était l'un des sites archéologiques les plus importants de la Caraïbe ; une communauté d'Arawaks y aurait vécu)*. Arriver à hauteur de la pointe à la Gourde.

❷ Garder la direction en passant devant une maison en tôle, puis amorcer la montée sur un sentier de grave blanche. Descendre 3 marches, puis continuer tout droit *(passage à proximité d'une habitation)*. Parvenir au bout d'une route : aller en face pour longer la plage de Tarare jusqu'à la pointe Tarare.

❸ Pénétrer dans un bosquet sur la droite et rejoindre les falaises *(point de vue sur la Saline, la pointe des Châteaux, la pointe à Plume)*. Continuer tout droit à l'intersection. À la sortie du bois, prendre un chemin empierré et laisser les enrochements sur la droite. Arrivé à l'anse à Plume, contourner la Grande Saline par la gauche en longeant la mer, puis la longue anse des Salines. Sortir sur la route D 118. Rejoindre un parking en la suivant à gauche.

Cactus cierge *(Cereus terscheskii)* /
DESSIN N.L.

S **SITUATION**
anse de la Gourde, à 6 km à l'est de Saint-François par la D 118 (à gauche à Kaouanne)

P **PARKING**
parking de la plage

⟋ **DÉNIVELÉE**
altitude mini et maxi, dénivelée cumulée à la montée

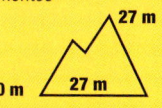

B **BALISAGE**
jaune

! **DIFFICULTÉS !**
itinéraire en aller-retour

À DÉCOUVRIR...

▷ **En chemin :**
• anse à la Gourde
• Grande Saline
• anse des Châteaux

▷ **Dans la région :**
• Saint-François : Vieux Port, marina, golf, plage des Raisins Clairs, cimetière des Indiens, concours de bœufs-tirants
• pointe des Châteaux : maison de la Noix de Coco, atelier Boita (création de madras)

4 Se rendre à l'extrémité de la pointe des Châteaux sur le morne Pavillon *(table d'orientation)* et admirer la vue *(par beau temps, vue sur la Désirade, les îlets de Petite-Terre, Marie-Galante et les côtes de la Guadeloupe)*.

5 Le retour se fait par le même itinéraire.

> Possibilité de faire une petite randonnée jusqu'à la Pointe à Cabrits en partant à gauche *(durée : 30 min, niveau facile ; avec une splendide fresque et panorama à la clé)*.

PATRIMOINE
La croix de la pointe des Châteaux

Tout au bout de la route qui part de Saint-François en direction de l'est, une presqu'île s'avance dans l'Atlantique : la pointe des Châteaux, un des lieux les plus visités de Guadeloupe.

En haut de la pointe des Colibris, une croix surplombe ce paysage depuis 1951. Saint-John Perse s'en est inspiré dans l'un de ses recueils de poèmes. Et quelques vers sont retranscrits sur les deux tables d'orientation du morne Pavillon. De cet endroit se découvrent le plateau dissymétrique de l'île de la Désirade et les îles de la Petite-Terre. C'est aussi le point de repère des marins qui arrivent du large. En contrebas, au pied de la croix, quelques grottes creusées par l'érosion marine nourrissent l'imaginaire.

En 2002, une nouvelle croix est venue remplacer l'ancienne, victime de l'usure du temps.

ENVIRONNEMENT
Opération Grand Site de la pointe des Châteaux

La pointe des Châteaux représente un paysage d'une grande richesse située à l'extrême Est de l'île. Constituée d'une large bande littorale, elle abrite une faune et une flore rares dont certaines espèces sont endémiques. Outre ces espèces animales et végétales, la pointe des Châteaux offre une mosaïque de salines. Haut lieu touristique, elle accueille 500 000 visiteurs par an en moyenne, venus profiter de la nature, des plages et des sentiers de randonnées offrant des points de vue magnifiques sur les autres îles de l'archipel guadeloupéen.

Depuis le classement de la pointe des Châteaux en Opération Grand Site national, quatre partenaires principaux ont relayé la démarche de réflexion autour de ce projet : la DIREN, la SAMIDEG, la commune de Saint-François et l'ONF. Cette opération a pour objectifs de réorganiser le stationnement et l'accueil des visiteurs, de restaurer les sentiers, de mettre en place la signalétique d'information, de favoriser une découverte harmonieuse du site, et de permettre un développement économique intégré et respectueux de l'environnement.

LA CROIX DE LA POINTE DES CHÂTEAUX / PHOTO C.F./ONF

FAUNE ET FLORE
LA PATATE BORD-DE-MER

La patate bord-de-mer *(Convol-vulaceae, Ipomoea pes-capreae)* s'appelle aussi passe-pierre ou corde-patate. Elle peut atteindre 3 à 5 mètres de long. C'est une liane rampante, comportant une tige anguleuse souvent aplatie. Ses feuilles sont épaisses et coriaces, de forme variable, en général presque ovales, longues de 5 à 20 cm, de couleur verte. Ses 3 fleurs sont portées par un pédoncule long de 2,5 à 10 cm, de couleur pourpre en forme d'entonnoir long de 4 à 5 cm. Ses racines sont profondes. La patate bord-de-mer est pionnière de plages sableuses de la zone intertropicale. Elle fleurit et fructifie pratiquement toute l'année. La patate bord-de-mer ne produit pas de tubercules (patates). Vous la verrez souvent serpenter sur les plages : elle fixe le sable.

PHOTO ONF

De **l'anse à la Baie** à **l'anse à l'Eau**

Un itinéraire parfait pour une petite balade sur le littoral de préférence à parcourir le matin...Partez de Baie Olive pour aller vous baigner à l'anse à l'Eau !

RAISIN DE RAISINNIER
BORD DE MER
(*COCOLOBA UVIFERA*) /
DESSIN N.L.

1 Depuis le parking, prendre le sentier bétonné vers l'anse à la Baie. Prendre les escaliers pour rejoindre la chapelle de la Baie Olive *(point de vue sur la baie ; cette chapelle est dédiée à la Vierge ; selon la légende, la Vierge y aurait accordé des grâces. La coutume veut qu'on y vienne en cortège le 1er janvier pour prendre un « bain-démarré » : pour avoir de la chance à la nouvelle année, il faut se baigner en se frottant le corps avec une queue de morue pour se débarrasser des mauvaises influences de l'année écoulée puis prendre un bain de feuillages...).* Pénétrer dans le bois pour ressortir sur un sentier pierreux qui mène par la droite sur la plage. Longer la caye, puis rejoindre l'anse à la Croix par un sentier enherbé qui devient sableux par la suite.

2 Sillonner le littoral entre champs et bosquets. Reprendre le sentier de sable sur plus de 500 m.

3 Suivre le sentier sur la gauche en passant sous les mancenilliers ; arriver ainsi sur la plage de l'anse à l'Eau *(les carbets seront les seuls à vous faire bénéficier de leur ombre ; au bord de l'eau de mer, un puits distribue de l'eau douce).*

4 Le retour se fait par le même itinéraire *(si vous avez encore envie de profiter du lieu, remonter au-dessus de la plage, une petite boucle vous fera découvrir un paysage magnifique).*

ÉTOILE DE MER / DESSIN P.R.

S **SITUATION**
anse à la Baie, à 3,5 km au nord-est de Saint-François par la N 5 et le Chemin de Croix

P **PARKING**
parking d'Anse-à-la-Baie

↗ **DÉNIVELÉE**
altitude mini et maxi, dénivelée cumulée à la montée

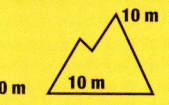

0 m   10 m   10 m

B **BALISAGE**
jaune

! **DIFFICULTÉS !**
itinéraire en aller-retour

À DÉCOUVRIR...

> **En chemin :**
• anse à la Baie
• chapelle de la Baie Olive
• anse à l'Eau
• aire de pique-nique
• forêt sèche

> **Dans la région :**
• Saint-François : Vieux Port, marina, golf, plage des Raisins Clairs, cimetière des Indiens, concours de bœufs-tirants
• pointe des Châteaux

ENVIRONNEMENT

LA FORÊT DU LITTORAL

La forêt sèche du littoral est composée d'un grand nombre d'espèces à feuilles caduques (qui perdent leurs feuilles à la saison sèche). La végétation est soumise à de fortes contraintes : la sécheresse du climat, l'exposition directe aux alizés, les embruns et la pauvreté du sol. Les plantes ont dû développer certains caractères leur permettant d'économiser l'eau :
- les feuilles sont petites, recouvertes de cire ou de poils,
- les racines sont superficielles et étalées pour absorber l'eau d'infiltration dans le sol.

On rencontre des arbres comme le gommier rouge, le poirier-pays, le mapou gris, le raisinier bord-de-mer, le campêche, etc. La forêt originelle a été transformée et dégradée par les actions de l'homme. Elle laisse souvent place à des bosquets épineux.

PHOTO ONF

Le **sentier** du **Moule**

Ce sentier offre une vue exceptionnelle sur Le Moule et ses environs. Cette commune est l'une des plus anciennes de l'île. Son passé a été riche en activité et plutôt tourmenté vu sa localisation géographique et son exposition aux violences de l'Atlantique, ce qui ne l'empêche pas de rester dynamique ! À admirer vue d'en haut !

1 Depuis la plage du Moule, franchir le pont de la N 5 par un passage piéton sécurisé, puis prendre la première ruelle à droite jusqu'à son terme. S'enfoncer alors sous les taillis et poursuivre sur la limite de la forêt domaniale du littoral, matérialisée par une ouverture dans la végétation. Passer au bout d'une seconde ruelle et garder la direction entre prairie et sous-bois de raisiniers bord-de-mer *(écouter les crabes touloulous qui fuient sur votre passage)* ; le sentier correspond toujours à la limite de la forêt domaniale du littoral.

2 Passer derrière le musée Edgard-Clerc, puis passer au bas des mornes. Longer ainsi le littoral, traverser une ravine qui se jette sur la plage et poursuivre. Ignorer un sentier à gauche qui grimpe vers un lotissement qui surplombe la plage pour continuer sur le littoral. L'itinéraire s'écarte de la plage : par un chemin empierré qui devient enherbé, monter jusqu'à une bifurcation.

3 Poursuivre à droite à travers les bosquets. Quitter le sentier caillouteux pour descendre sur la caye *(plage)* de l'anse Patate, puis reprendre un chemin empierré sur l'autre versant du morne. Longer le bas du morne et traverser un parterre de patate de mer *(à la floraison, les fleurs sont violettes)*. Grimper sur le morne *(montée raide)*, puis prendre à gauche pour rejoindre le site de Bois Baron, section Sainte-Marguerite *(admirer le point de vue sur Le Moule et sa baie, mais aussi sur La Désirade ; le site est aménagé d'un grand carbet ; Bois Baron se trouve face à l'Atlantique, et bénéficie de courants de vent ascendants, ce qui en fait un lieu idéal et unique en Guadeloupe pour la pratique du parapente ; l'absence de relief marqué sur cette côte escarpée limite le phénomène thermique)*.

4 Reprendre le même chemin pour retourner au départ.

> Possibilité de retour par un chemin bien tracé et balisé au fond de l'aire de décollage qui rejoint la trace en bas du morne.

S SITUATION
plage de la Baie-du-Moule, à 2 km à l'ouest du Moule par la N 5

P PARKING
parking ombragé aux abords de la plage

↗ DÉNIVELÉE
altitude mini et maxi, dénivelée cumulée à la montée

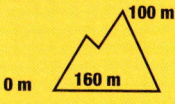

B BALISAGE
jaune

! DIFFICULTÉS !
• une montée raide
• itinéraire en aller-retour

À DÉCOUVRIR...

> En chemin :
• caye
• vue sur l'Atlantique, point de vue sur Le Moule et ses environs
• site de parapente

> Dans la région :
• Le Moule : anciennes fortifications, église, plage de l'Autre-Bord, atelier de Mireille et Marie Prompt, danses Mayolées, distillerie Damoiseau, sentier de la Mangrove, musée Edgar-Clerc, sucrerie Gardel, maison Zévallos
• la pointe des Châteaux

La **trace** des **Falaises**

Au nord de la Grande-Terre, le chemin de la Grande Falaise longe la côte Atlantique de la pointe Petit Nègre à la Porte d'Enfer. Les falaises, de 20 à 30 m de haut, offrent une belle vue sur la mer et les grottes.

FRANGIPANIER
(*PLUMERIA ALBA*) /
DESSIN N.L.

1 À Mahaudière, au niveau des panneaux de départ, aller près de l'ancien moulin, puis longer le chemin qui se dirige vers les champs de canne à angle droit de la route. À la première bifurcation, rester sur le chemin de gauche, puis après 100 m, suivre le chemin qui part sur la droite. Garder la direction à travers les cultures, puis au niveau d'une clairière, le chemin oblique sur la gauche pour rejoindre les falaises *(sur la droite, remarquer au loin un champ d'éoliennes)*.

2 Le sentier part sur la gauche et longe la mer en bordure de falaise. Il serpente à travers la forêt sèche, et descend dans la ravine de l'anse à la Barque, puis il rejoint la pointe du Souffleur.

> Possibilité de descendre sur la plage *(10 min)* **pour se rafraîchir dans les embruns du Souffleur** *(attention ne pas se baigner !)* **: les vagues, en déferlant, pénètrent dans les cavités sous-marines de la caye. Les diverses pressions forment une source d'eau jaillissant par intermittence et qui peut atteindre 5 m de haut et plus.**

3 Continuer par le sentier le long des falaises *(sentier des Douaniers)* et arriver à la pointe à Tortue *(bien observer sa forme vue de loin)*. Sur la gauche du sentier, la mer a creusé la falaise pour former une grotte dont la partie supérieure s'est effondrée. Attention cependant au risque de chute dans cet impressionnant trou.

4 Poursuivre par le sentier surplombant l'océan. Dépasser la pointe Percée et atteindre le trou de Man Coco.

5 Rejoindre sur la gauche, en traversant les bosquets, la Porte d'Enfer *(point de vue sur la Grande-Vigie sur la gauche)*, puis sa plage et son aire de pique nique **6**.

S SITUATION
Mahaudière, à 12 km au sud-est d'Anse-Bertrand par les N 8 et D 120

P PARKING
sous les grands arbres à proximité de Mahaudière

DÉNIVELÉE
altitude mini et maxi, dénivelée cumulée à la montée

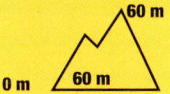

B BALISAGE
1 à 3 > bleu et orange (sentier du Souffleur)
3 à 7 > bleu et jaune (sentier des Douaniers)

! DIFFICULTÉS !
• partir tôt le matin pour ne pas souffrir de la chaleur
• descente glissante, ne pas s'approcher trop près des falaises
• circuit linéaire : prévoir un second véhicule

À DÉCOUVRIR...

> En chemin :
• Mahaudière : ancienne sucrerie, ancien moulin
• le Souffleur
• trou Man Coco
• pointe Percée
• plage et aire de pique-nique de la Porte d'Enfer

> Dans la région :
• pointe de la Grande-Vigie
• Anse-Laborde, Anse-Bertrand
• hippodrome de Saint-Jacques

LA PORTE D'ENFER

Ce site n'a plus rien d'infernal ! La mer s'avance entre les falaises, s'insinue à l'intérieur des terres pour former un lagon abrité et calme qui invite à la détente et à la baignade. En rejoignant les falaises par le petit sentier qui longe le lagon, vous aurez un beau point de vue sur la pointe de la Grande-Vigie qui se trouve sur un éperon de calcaires récifaux à 84 m et la pointe du Piton, intermédiaire.

À proximité, ce sentier mène à une grotte percée dans la falaise, le trou à Man Coco. La légende de Man Coco dit qu'ayant vendu son âme au diable, cette femme venait faire des sacrifices de rites vaudous dans cette grotte. D'ailleurs, l'histoire raconte aussi que Man Coco y aurait fini ses jours étant poursuivie pour des affaires de cœur et victime d'une de ses rivales... Le lieu, orné de bougies, est très fréquenté par les quimboiseurs (sorciers ou jeteurs de sorts)...

LA MAHAUDIÈRE

Anse-Bertrand fut le dernier lieu de refuge des Indiens caraïbes fuyant les premiers colons. En 1660, le gouverneur Charles Houël leur laissa cette région peu fertile, qu'ils cédèrent peu à peu aux colons venus y cultiver la canne à sucre et le coton. En 1790, on y comptait 12 cotonneries, 24 moulins à vent et 21 sucreries. C'est dans l'une d'entre elles, la Mahaudière (du nom de son propriétaire Douillard Mahaudière), qu'eut lieu l'un des plus célèbres procès de l'histoire de la Guadeloupe, opposant en 1840 ce planteur à Lucile, une esclave accusée d'avoir empoisonné sa maîtresse.

La Mahaudière permet de voir les vestiges du moulin, de la cheminée et du puits encore visible. Il permettait d'alimenter en eau les machines à vapeur.

PHOTO ONF

LE SOUFFLEUR / PHOTO ONF

De **Port-Louis** à **Anse-Bertrand**

Cette promenade vous conduira entre mer bleue et mangrove de Port-Louis à Anse-Bertrand avec en fond des points de vue sur le Grand Cul-de-sac Marin et les sommets de Basse-Terre !

CRABE / DESSIN P.R.

① À l'extrémité du parking de la plage du Souffleur se présentent deux sentiers.

> Possibilité de découvrir le marais de Port-Louis en empruntant le chemin à droite. Par des platelages, le sentier sillonne la mangrove et retrouve l'itinéraire principal au repère ② *(panneaux du conservatoire : sentier découverte de la Mangrove ; 30 min).*

Longer le cimetière par la droite et poursuivre par le large chemin. Franchir le gué de la pointe des Mangles *(sur la droite, un observatoire ornithologique surplombe le marais et un panneau informe sur les zones humides côtières de Port-Louis).* Arriver à un croisement *(arrivée de la variante par la mangrove).*

② Poursuivre tout droit sur le chemin à travers la forêt. Longer une plage, puis traverser un gué ensablé à la hauteur d'un plot en béton, et prendre sur la gauche en direction de la chapelle de la pointe d'Antigues *(point de vue sur la Basse-Terre).*

③ Juste avant la chapelle, tourner à droite sur le sentier qui traverse les pâturages avant de serpenter entre la mangrove et le bord de mer et atteindre pointe Plate.

④ S'engager sur le sentier de Pointe Plate en direction d'Anse-Bertrand *(le long de la plage, certains arbres sont difformes et secs, victimes de la houle cyclonique qui a fait reculer le littoral dans cette zone).* Rester sur le sentier qui sillonne parmi la végétation *(campêche, gommier rouge, raisinier bord-de-mer).*

S **SITUATION**
plage du Souffleur, au nord de Port-Louis

P **PARKING**
parking de la plage

/ **DÉNIVELÉE**
altitude mini et maxi, dénivelée cumulée à la montée

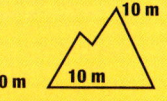

B **BALISAGE**
1 à 4 > vert (sentier Anse Lavolvaine)
4 à 8 > jaune (sentier de Pointe Plate)

! **DIFFICULTÉS !**
• passage sur caye (ancien corail)
• circuit linéaire : prévoir un second véhicule

À DÉCOUVRIR...

> **En chemin :**
• restauration
• cimetière
• observatoire ornithologique
• mangrove
• récifs coralliens
• baignade

> **Dans la région :**
• Port-Louis : usine de Beauport, église Notre-Dame-du-Bon-secours, cimetière, port
• Anse-Bertrand : la pointe de la Grande-Vigie

5 Traverser un gué et contourner l'anse Colas. S'avancer sur le chemin carrossable en bordure de mer, puis longer la clôture d'un village de vacances pour rejoindre la plage de la Chapelle à Anse-Bertrand. Garder la direction jusqu'au parking de la plage *(en contrebas du talus, observer les ruines de l'ancienne chapelle dont les vestiges sont en cours de restauration)* **6**.

FAUNE ET FLORE
LES CRABES

Les crabes font partie intégrante du patrimoine guadeloupéen. Ils occupent la plupart des biotopes, que vous vous promeniez en rivière, dans la mangrove ou sur le bord de mer : vous en rencontrerez des gros, des petits, des blancs, des gris... Il y en a de toutes sortes. On en dénombre au moins 9 espèces : le crabe de terre, le touloulou, le colimo, le zombie, le zagaya, le sémafot, le krab à bab, le sirik de mer, le sirik de rivière. C'est la raison pour laquelle le crabe joua longtemps un rôle primordial dans l'alimentation des pauvres, qui trouvaient grâce à lui de quoi subsister. Plus tard, après l'abolition de l'esclavage, la vente des crabes apporta un petit revenu aux familles démunies. Et aujourd'hui encore, le crabe est une source de revenus complémentaires pour bon nombre de guadeloupéens. Du coup, le crabe est omniprésent. Il envahit les proverbes créoles et l'imaginaire populaire. Une fête lui est consacrée à Pâques où il se déguste à toutes les sauces.

TOULOULOU / PHOTO ONF

ENVIRONNEMENT
LES RÉCIFS CORALLIENS

Les récifs de coraux sont une forme de vie parmi les plus anciennes et primitives du monde (500 millions d'années). Un récif corallien résulte de la colonisation d'un substrat minéral par des êtres vivants symbiotiques appelés coraux. Il forme ainsi un écosystème marin dont le corail est à la base de la chaîne alimentaire. Les massifs coralliens peuvent être composés d'un large panel d'espèces, notamment en région tropicale ; ils représentent pour les autres animaux une source de nourriture, un lieu pour se réfugier... De très nombreuses espèces de poissons en sont dépendantes. Le récif a également un rôle important sur le littoral : il le protège de la houle en brisant les vagues d'une part, et d'autre part, en s'érodant, il fournit la plage en sable corallien.

LE LITTORAL DE PORT-LOUIS / PHOTO ONF

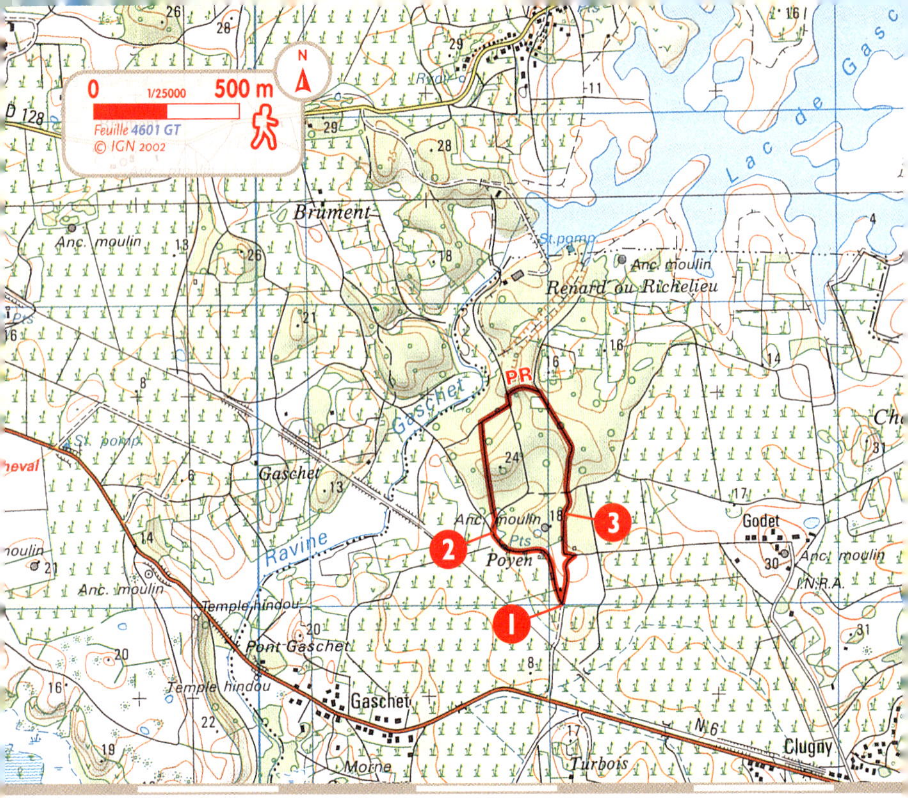

LA CANNE À SUCRE

La canne à sucre a marqué l'histoire et le paysage de la Guadeloupe. Originaire de la Nouvelle-Guinée, elle aurait voyagé en Orient, en Espagne et aux Canaries avant de s'implanter dans les Caraïbes à partir du XVᵉ. Aujourd'hui, elle occupe une surface de près de 14 800 ha (soit 8 % du territoire guadeloupéen, INSEE, 2004).

La canne à sucre est une graminée qui pousse sous climat tropical sur une période de 15 mois. Les boutures donnent chacune une touffe d'une dizaine de tiges atteignant 3 à 4 m à maturité. La récolte a lieu pendant le carême. Seule la tige est récoltée, les feuillages secs sont éliminés par brûlis. La canne est utilisée dans la fabrication du sucre et du rhum, et peut aussi se mâcher ou se presser pour donner un excellent jus. Le feuillage sert de fourrage pour les bovins pendant le carême.

PHOTO J.-B.S./ONF

Le **sentier** de **Poyen**

TRÈS FACILE

45MIN • 2KM

Une petite boucle de moins d'une heure pour découvrir le paysage de la Grande-Terre.

1 Du panneau de départ, emprunter un chemin vers la gauche jusqu'à un carbet bar. En face de celui-ci, se trouve un autre abri vers lequel se dirige le sentier.

2 Contourner une mare, puis s'avancer sur le chemin qui fait une boucle à travers la forêt. La trace traverse d'abord des peuplements de mahogany, puis une plantation de poirier-pays.

3 Passer ensuite dans une partie broussailleuse avant de longer la lisière sur une centaine de mètres *(remarquer sur la droite les ruines du moulin de Poyen, vestiges de l'époque sucrière)*. Filer tout droit et rejoindre le départ.

MOULIN EN RUINE / PHOTO J.-B.S./ONF

S **SITUATION**
Poyen, à 3 km au nord de Petit-Canal par la N 6 (après Clugny)

P **PARKING**
bord de route

/ **DÉNIVELÉE**
altitude mini et maxi, dénivelée cumulée à la montée

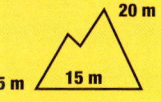

5 m   15 m   20 m

B **BALISAGE**
jaune et blanc

À DÉCOUVRIR...

> **En chemin :**
• plantation de poirier-pays, de mahogany
• mare
• moulin de Poyen

> **Dans la région :**
• Petit-Canal : sentier de Beautiran et Deville Maisoncelle, église et « marches des esclaves », ruines de la prison des esclaves, parc Paysager, temple hindou à Gaschet, sanctuaire du Christ-roy, anse Maurice

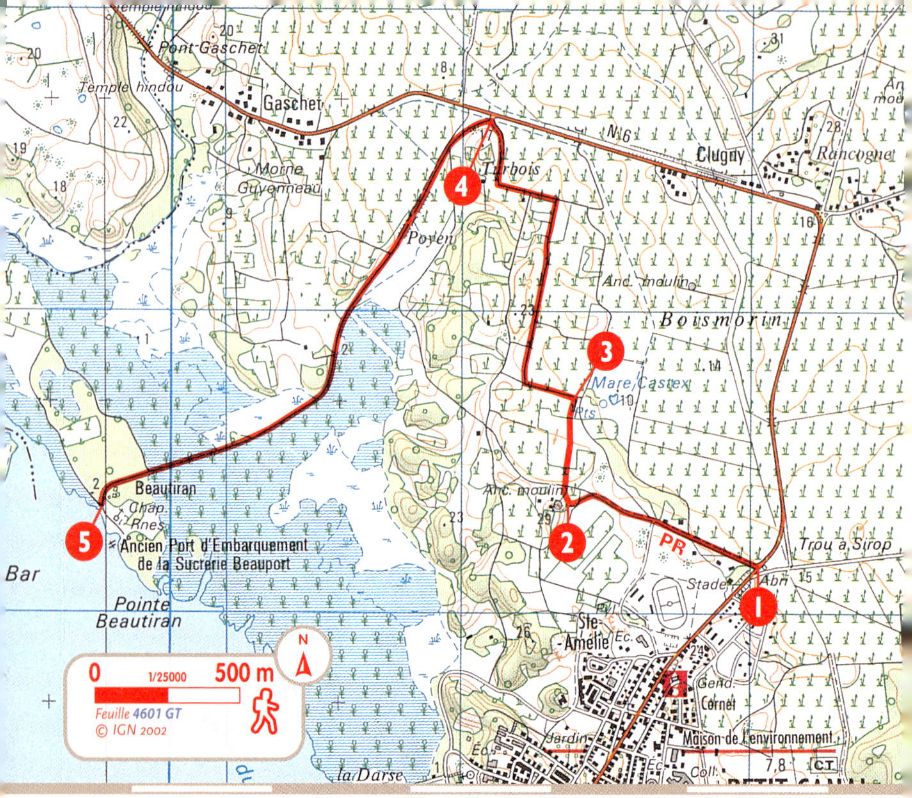

Map with markers, scale: 0 — 1/25000 — 500 m, Feuille 4601 GT, © IGN 2002

PATRIMOINE

BEAUTIRAN

Le site portuaire de Beautiran, en activité jusqu'au début des années 60, était le port d'expédition du sucre et du rhum produit par l'usine de Beauport, ainsi que de réception du charbon nécessaire aux machines à vapeur et aux engrais destinés aux plantations.

Une intense activité de transfert de marchandises animait le site, et de nombreux chalands faisaient la navette avec Pointe-à-Pitre. Ce site permettait les échanges avec l'autre grande usine qu'était Darboussier.

FIGUIER-MAUDIT DANS UN MOULIN / PHOTO ONF

Le **sentier** de **Beautiran**

FACILE

2H40 • 8KM

Partez sur les traces du passé cannier de Petit-Canal, des champs de canne jusque sur le littoral, en passant par des milieux naturels d'une grande diversité !

❶ S'engager dans le large chemin bordé d'arbres fruitiers pommes-surettes, qui traverse quelques habitations éparses. Continuer en longeant les plantations à grand écartement de poirier-pays et les pâturages pendant 900 m. Le paysage a des airs agro-forestiers *(association de cultures et forêt)*. Arriver à une ruine de moulin, entièrement recouverte par un ficus aux racines entrelacées *(en contrebas, les eaux de pluies sont collectées dans une mare)*.

❷ Laisser le moulin à gauche : le sentier, plus étroit et enherbé, bifurque légèrement sur la droite en redescendant vers des champs de canne à sucre. Atteindre un chemin transversal *(à droite, remarquer la mare de Castex dans laquelle de nombreux bovins viennent s'abreuver ; plus loin, dans la même direction, les vestiges de l'ancien moulin de Boismorin dominent les champs)*.

❸ Tourner à gauche, puis à droite et sillonner les champs de canne à sucre. Après environ 600 m, virer à nouveau à gauche, puis à droite pour rejoindre la route nationale 6 *(un carbet permet de faire une halte)*.

❹ Emprunter à gauche le chemin empierré qui servait autrefois de support à la ligne de chemin de fer pour l'approvisionnement de l'usine de Beautiran. Franchir un pont en béton abîmé par le cyclone Hugo *(sur la gauche, un puits pompe de l'eau douce grâce à l'énergie solaire)*. Poursuivre tout droit sur le chemin en traversant des pâturages. Pénétrer ainsi dans la forêt marécageuse, puis dans la mangrove et s'avancer jusqu'à l'ancien site de l'usine de Beautiran, installée en bord de mer *(point de vue sur le Grand Cul-de-Sac Marin)*.

HÉRON GARDEBŒUFS *(BUBULCUS IBIS)* / DESSIN P.R.

❺ Revenir au départ par le même itinéraire.

SITUATION
sortie nord de Petit-Canal par la N 6 (direction Port-Louis)

PARKING
le long du chemin face à un abri-bus

DÉNIVELÉE
altitude mini et maxi, dénivelée cumulée à la montée

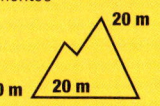

BALISAGE
rouge

À DÉCOUVRIR...

> **En chemin :**
• mare de Castex
• moulin
• mangrove
• usine de Beautiran
• vue sur le Grand Cul-de-Sac Marin

> **Dans la région :**
• Petit-Canal : sentier de Beautiran et Deville Maisoncelle, église et « marches des esclaves », ruines de la prison des esclaves, parc Paysager, temple hindou à Gaschet, sanctuaire du Christ-roy, anse Maurice

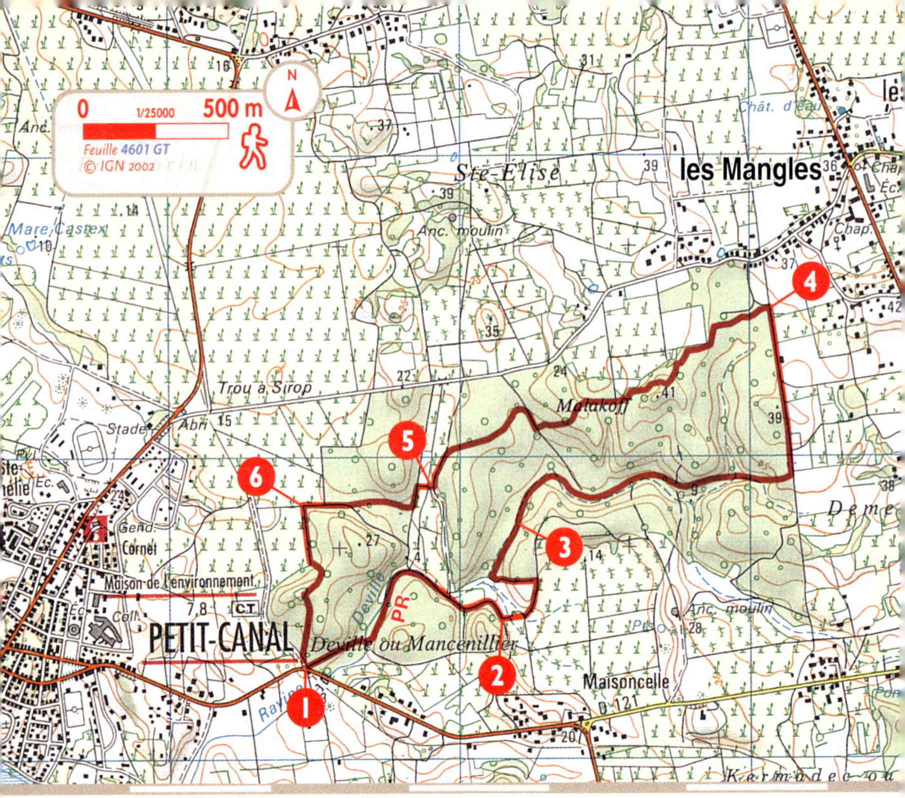

les Mangles

PATRIMOINE

PETIT-CANAL

Cette commune fut un lieu de débarquement des esclaves. Au niveau de l'appontement, une stèle surmontée d'un tambour ka abrite la flamme dédiée à l'esclave inconnu.

Dans le prolongement, un escalier de quarante-neuf marches en pierre de taille où étaient vendus les esclaves, mène à l'église. À l'époque, chacune des quarante-quatre habitations de la région aurait fabriqué une marche, et les cinq autres auraient été offertes par le conseil municipal et le conseil de fabrique. À droite de l'église, les « marches des esclaves » établissent une pyramide de valeur selon l'ethnie : les premières marches pour les Congos et

ESCALIERS DE PETIT-CANAL / PHOTO G.B.

les plus hautes pour les Peuls.

Face à l'église, un monument commémore l'abolition de l'esclavage où les fouets et les chaînes seraient enterrés, et où figure le mot « liberté ».

Le **sentier** de **Deville-Maisoncelle**

PR® 40

TRÈS FACILE

2H • 5KM

Dans la fraîcheur de la ravine Deville, puis à travers la végétation basse des buttes calcaires et la futaie de mahogany, ce sentier vous entraîne à la découverte des richesses d'une des plus grandes forêts de Grande-Terre.

1 Suivre le chemin au fond de la ravine Deville. Passer dans une zone un peu marécageuse *(table-banc et panneau d'information à disposition)*. Le sentier serpente entre les différents peuplements, les plus typiques sur la zone étant constitués de bois gli-gli mélangé au poirier-pays et de plantations de mahogany *(tout au long du chemin, des bornes botaniques indiquant le nom d'une trentaine d'essences, permettent de découvrir les espèces locales)*. Par la droite, longer un champ de canne.

2 Faire le tour du champ de canne et rejoindre le fromager surplombant le champ au sommet du morne.

3 Bifurquer à gauche des manguiers pour revenir en sous-bois *(campèche)*. L'itinéraire ondule à proximité de la ravine et débouche en lisière est du massif. S'avancer sur le large chemin empierré à gauche *(en face d'une construction ; à droite, observer un paysage ouvert sur les prairies et les cultures)*.

4 Après environ 500 m, quitter le chemin pour s'engager à gauche au niveau d'un panneau d'accueil, à travers une plantation de mahogany sur un sentier enherbé. Traverser à nouveau la forêt, puis longer sa lisière vers la gauche sur quelques mètres.

5 Couper à travers un champ *(large d'environ 100 m)*. Tourner à gauche sur environ 20 m et pénétrer à droite dans le sous-bois. Plus loin, le sentier se transforme en chemin carrossable. Parvenir au niveau d'un panneau d'information.

6 Virer à gauche au bord du champ, puis entrer à nouveau dans la forêt. Après une courte montée, rejoindre le point de départ au niveau du carbet bar et des tables-bancs installés au bord de la route.

FROMAGER
(CEIBA PENTEN-
DRA) /
DESSIN N.L.

S **SITUATION**
ravine Deville, à 1 km à l'est de Petit Canal par la N 6

P **PARKING**
zone enherbée au bord de route

↗ **DÉNIVELÉE**
altitude mini et maxi, dénivelée cumulée à la montée

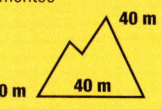

0 m — 40 m — 40 m

B **BALISAGE**
jaune et bleu, panneau

! **DIFFICULTÉS !**
bien suivre le balisage (milieu ouvert)

À DÉCOUVRIR...

> **En chemin :**
• plantation de mahogany, de poirier-pays
• bornes botaniques
• tables de pique-nique

> **Dans la région :**
• Petit-Canal : sentier de Beautiran et Deville Maisoncelle, église et « marches des esclaves », ruines de la prison des esclaves, parc Paysager, temple hindou à Gaschet, sanctuaire du Christ-roy, anse Maurice

Découvrir
la Désirade

« **D**ésirada » ! Ainsi baptisée par les marins de Christophe Colomb, souvent comparée à une barque renversée, la Désirade est ancrée à une dizaine de kilomètres de Saint-François et compte aujourd'hui près de 1 700 habitants. Géologiquement, c'est l'île la plus ancienne des Petites Antilles. De climat sec, elle s'étend sur 11 km de long et 2 km de large.

Protégée par un récif corallien frangeant, la côte sud, dite au vent, descend en pente douce vers la mer. Une seule route la traverse de l'anse des Galets à la pointe Doublé. Par opposition, la côte nord, sous le vent, est restée inhabitée et sauvage avec ses falaises abruptes. Ce plateau calcaire, reposant sur un socle volcanique dont le point culminant est la Grand-Montagne à 276 m, au sol aride, convient peu à l'agriculture. En revanche, la végétation naturelle est constituée de gaïacs, mapous, anacardiers et cactées dont certains sont protégés comme les « Tête-à-l'Anglais ». Sur le plateau, un chemin en tuf permet de traverser l'île dans sa longueur.

Les principales ressources de l'île sont la pêche et l'élevage de cabris avec une ouverture vers le tourisme.

La réserve géologique nationale de la Pointe Abaque (date du décret 2011) permet la valorisation du patrimoine géologique exceptionnel de la façade littorale nord de cette île.

Au sud de la Désirade, à 12 km du large, les deux îlets de Petite-Terre, séparés par un lagon de 200 m de large, sont classés réserve naturelle depuis 1998, et gérés par l'ONF en partenariat avec l'association Ti tè.

PHOTOS
(ci-contre) ONF
(ci-dessus) E.F.

HISTOIRE

LA LÉPROSERIE

Considérée comme île des déshérités, peuplée d'une poignée d'Indiens caraïbes et de quelques familles de colons, la Désirade avait été choisie au XVIIIe siècle pour reléguer les victimes de la lèpre dont la propagation inquiétait les habitants de la Grande-Terre. En 1728, 125 malades (22 Blancs, 6 Mulâtres, et 97 Nègres) sont déportés dans un « camp » spécialement aménagé au quartier de Baie-Mahault, à l'extrémité est de l'île. Les lépreux vivent là dans des conditions particulièrement misérables, chassés à coup de bâtons par les habitants qui s'accaparent les terres mises à leur disposition, ou même utilisés comme esclaves. En 1811, le camp est transformé en hos-

pice. Un médecin et quelques religieuses dominicaines y prodiguent leurs soins dévoués, mais les malades demeurent dans le plus grand dénuement. Entière-

VUE DEPUIS LA TRACE D NORD DE L'ÎLE / PHOTO ONF

ment détruite par le cyclone de 1928, la léproserie est reconstruite au début des années 30. Elle se compose alors d'une trentaine de cases en ciment, de quelques pavillons médicaux, et d'une chapelle. L'établissement fermera ses portes en 1958. Il ne reste aujourd'hui que les ruines d'un bâtiment sans toiture, l'ancienne chapelle, et quelques tombes du cimetière.

Le **sentier du Nord** de **la Désirade**

BURGAU
(*CITTARIUM PICA*) /
DESSIN P.R.

La côte Sud de la Désirade est bien visitée, mais la côte Nord garde ses mystères... Ce sentier vous fera découvrir ses paysages et ses falaises abruptes.

① Descendre sur la route sur environ 100 m pour rejoindre le départ du sentier. S'engager à droite dans le sous-bois en longeant une clôture, puis, après 120 m, emprunter un chemin bordé de pierres sur la gauche. Descendre ainsi à travers la forêt sèche : raisinier grandes feuilles, tamarinier, cannelle à puce *(reconnaissable à l'odeur piquante qui se dégage en froissant ses feuilles)*. Le sentier est équipé de bornes botaniques. Gagner une intersection.

> Possibilité de rejoindre un point de vue par le sentier à droite (30 m ; banc) : vue sur Grosse Pointe, la pointe du Petit Nord et la Grande-Terre.

② Continuer la descente en s'aidant de la main courante *(observer le mapou gris remarquable au milieu du sentier)*. Arrivé sur le littoral, descendre sur la caye *(plage)* ; *(attention à ne pas glisser)*. Passer à gauche de la grosse roche et parcourir le littoral au milieu des rochers sur 1 km *(remarquer la diversité des couleurs des formations rocheuses)*. La baignade est possible en faisant attention. Passer sur un banc de sable à droite, puis revenir dans les rochers pour y monter sur 10 m à proximité de raisiniers. Accéder à la plage de graviers en contrebas par une échelle en fer.

③ Remonter sur la gauche à l'aide d'une main courante. Le sentier, pentu, alterne entre sous-bois et passages ouverts *(se retourner pour voir le point de vue sur la mer)*. Arriver au niveau d'une clôture.

④ Longer la clôture par la gauche. Au coin, prendre à droite sur environ 70 m. Bifurquer alors à gauche au niveau d'une roche calcaire qui affleure. Atteindre le point culminant du parcours *(161 m)* en passant dans la végétation sèche et rabougrie, et déboucher sur une piste en tuf *(concrétion calcaire)*.

⑤ Prendre à gauche, dépasser un carbet et parvenir sur le chemin de croix ; le suivre à gauche pour revenir au départ.

PR® 41

MOYEN

2H • 3KM

S SITUATION
chemin de Croix, à 500 m au nord de Beauséjour

P PARKING
100 m au-dessus du départ sur une zone en tuf

/ DÉNIVELÉE
altitude mini et maxi, dénivelée cumulée à la montée

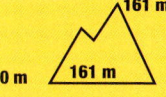

0 m   161 m   161 m

B BALISAGE
jaune

! DIFFICULTÉS !
• descente raide
• ne pas emprunter le sentier par mer forte

À DÉCOUVRIR...

> En chemin :
• forêt sèche
• bornes botaniques
• point de vue
• baignade
• carbet
• chemin de croix

> Dans la région :
• plateau de la Montagne : Grande Montagne (273 m), chemin de croix, chapelle, parc d'éoliennes, essai agroforestier
• Beauséjour : église, embarcation Dieu protège
• plage du Souffleur
• Baie-Mahault : club de plongée, ancienne léproserie, cimetière des Marins, ruine de l'ancienne cotonnerie, ancienne station météo (construction d'Ali Tur)

• **129**

Découvrir
Marie-Galante

Située à 43 km de Pointe-à-Pitre, Marie-Galante (Aïchi en caraïbe) s'étend sur 158 km². Cette île ronde et plate, d'où son surnom de « grande galette », avec ses routes peu fréquentées et sa végétation diversifiée, est avant tout l'île de la canne à sucre. Appelée « l'île aux cent moulins », elle était déjà réputée pour son rhum au XVIIIe siècle.

De vastes champs de canne à sucre occupent aujourd'hui encore la majorité des terres. Ses plages de sable blanc sont parmi les plus belles de la Caraïbe !

Marie-Galante regroupe trois communes : Capesterre-de-Marie-Galante, Grand-Bourg et Saint-Louis.

Capesterre-de-Marie-Galante, commune du levant, située à l'est de l'île, avec ses plages protégées par une grande barrière de corail, emprisonne une mer bleu turquoise. Les premiers colons français ont été refoulés à plusieurs reprises par les indigènes et aussi par les Anglais et les Hollandais qui cultivaient l'indigo et le coton. La canne à sucre n'est introduite que dans la seconde moitié du XVIIIe siècle avec l'apparition des moulins à vent et à traction animale. Après le passage du cyclone de 1928, les bâtiments administratifs sont reconstruits par l'architecte Ali Tur. Aujourd'hui, l'activité s'est diversifiée sur la commune avec la pêche, l'agriculture, l'artisanat et le tourisme.

Comme son nom l'indique, Grand-Bourg est la plus grande commune de l'île de Marie-Galante. C'est la vaste réserve en eau douce du marais de Folle-Anse qui incita les Indiens caraïbes à s'y installer. Les premiers colons arrivèrent en 1648. En 1792, l'île proclame son indépendance vis-à-vis de la Guadeloupe tout en affirmant son attachement à la République. Grand-Bourg devint alors le centre administratif de l'île. Grâce à son port maritime, Grand-Bourg est la porte d'entrée pour découvrir l'île.

PHOTOS
(ci-contre) ÉGLISE DE CAPESTERRE-DE-MARIE-GALANTE / E.F.
(ci-dessus) PLAGE DE LA FEUILLÈRE / C.F./ONF.

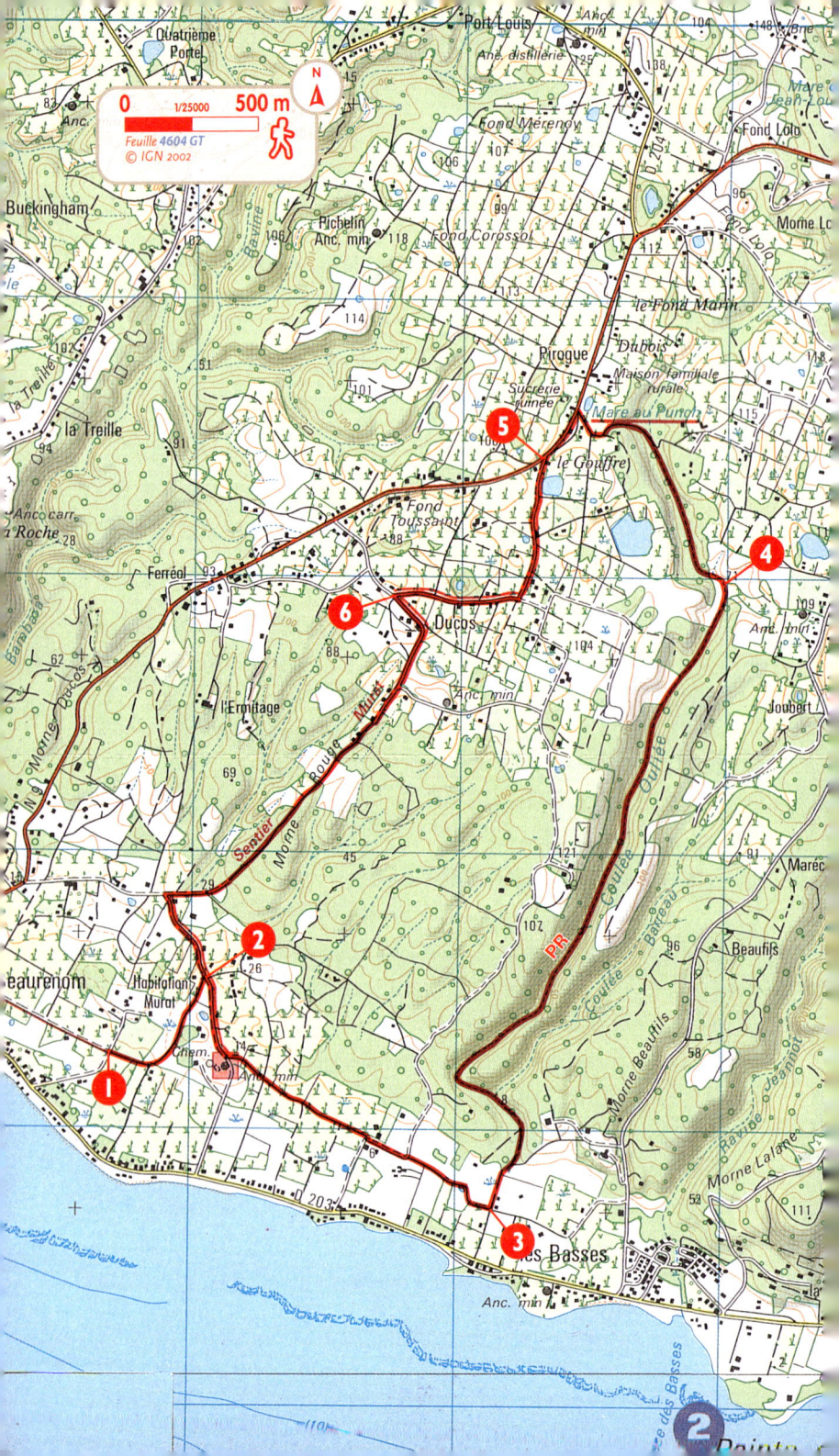

Le **sentier** de **Murat**

Cette boucle vous invite à la découverte d'un pan du patrimoine historique de Marie-Galante, avec l'habitation Murat. Vous y découvrirez aussi les particularités de la Coulée Ouliée.

1 En sortant de l'habitation Murat *(écomusée, jardin médicinal)*, emprunter la route sur la gauche qui longe la clôture et arriver sur un chemin empierré.

2 Prendre à droite à travers les champs de canne à sucre. Au niveau d'un ancien moulin, obliquer un peu à gauche et poursuivre tout droit en ignorant une piste à droite, puis une à gauche. Après une mare, atteindre un croisement.

3 Bifurquer à gauche en ignorant la route sur la droite : longer un chemin enherbé entre les pâturages et le sous-bois. Laisser des flamboyants sur la droite et tourner en angle droit à gauche. Entrer dans la forêt, puis suivre le sentier sur la gauche qui serpente dans la pénombre des grands arbres dans le lit du ruisseau la Coulée Ouliée *(observer les grands contreforts des ficus s'appuyant sur les blocs de calcaire)*. Dépasser une clairière en longeant la lisière sous les manguiers, puis pénétrer de nouveau dans le sous-bois en allant tout droit.

4 Un peu après la sortie du bois, prendre à gauche. Le sentier grimpe à travers les acacias et les pâturages. En haut du morne, obliquer à droite et rejoindre la nationale 9 au niveau de la mare au Punch *(les ruines de l'ancienne sucrerie de Pirogue se trouvent de l'autre côté de la route)*. Suivre la route à gauche sur 200 m.

5 S'avancer à gauche sur un chemin empierré. Au croisement, tourner à droite et rejoindre une route.

6 S'engager à gauche vers Ducos. Après le virage, filer tout droit ; la route devient un chemin pierreux, le chemin de Morne Rouge qui descend en direction du littoral *(par temps clair, point de vue sur La Dominique à gauche et Les Saintes à droite ; observer également la barrière de corail)*. Déboucher sur une route ; la suivre à gauche et arriver à un croisement.

7 Tourner à droite afin de rejoindre l'Habitation Murat.

PETITE STERNE
(STERNA ANTILLARUM) /
DESSIN P.R.

S SITUATION
Habitation Murat, à 2 km à l'est de Grand-Bourg par la D 203

P PARKING
à l'Habitation Murat

/ DÉNIVELÉE
altitude mini et maxi, dénivelée cumulée à la montée

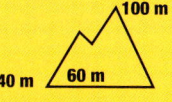

100 m

40 m   60 m

B BALISAGE
rouge

! DIFFICULTÉS !
secteur glissant par temps de pluie

À DÉCOUVRIR...

> **En chemin :**
• habitation sucrière Murat, écomusée de Marie-Galante
• jardin médicinal
• point de vue sur Les Saintes et La Dominique
• habitation Pirogue
• mare au Punch

> **Dans la région :**
• Grand-Bourg : débarcadère, habitation Trianon Roussel, distillerie Bielle, atelier Armand Baptiste

HABITATION MURAT

En 1839, l'Habitation Murat était la plus grosse plantation de canne à sucre de la Guadeloupe (200 ha) et comptait deux cent sept esclaves. La légende prétend que ce serait Jeanne Laballe, ancienne élève des Beaux-Arts, épouse de Dominique Murat, qui aurait dessiné le château au début du XIXe siècle.

L'habitation s'étend aujourd'hui sur 7,5 ha. Depuis 1979, l'écomusée des Arts et Traditions Populaires rassemble trois siècles d'histoire sucrière de la Guadeloupe. Le musée propose un centre de documentation, ainsi qu'un jardin médicinal.

Construite pendant l'occupation anglaise, la maison du maître est en cours de restauration. Restent la tour du moulin à vent, la plateforme circulaire de l'ancien moulin à bêtes, et les ruines de la sucrerie.

MURAT / PHOTO E.F.

LA MARE AU PUNCH

La mare au Punch est située juste en face de l'usine Pirogue. Les mares sont typiques de Marie-Galante du fait d'un sol très calcaire. Le nom de mare au Punch est né d'une histoire transmise depuis 1849...

Suite à l'échec de négociations politiques, les anciens esclaves se rendirent chez leur maître, à l'habitation Pirogue pour demander des comptes et mirent à sac

l'usine. Ils déversèrent dans la mare le stock de sucre et de rhum pour faire un gigantesque punch. Et ils convièrent tous les résidents des environs à trinquer avec eux.

Cette histoire serait plutôt sympathique, si les anciens esclaves, ivres pour la plupart, ne s'en étaient pris aux prêtres et aux religieuses. Leur attitude donna lieu à une chanson encore fredonnée lors des fêtes.

CI-DESSUS, LA MARE AU PUNCH / PHOTO ONF

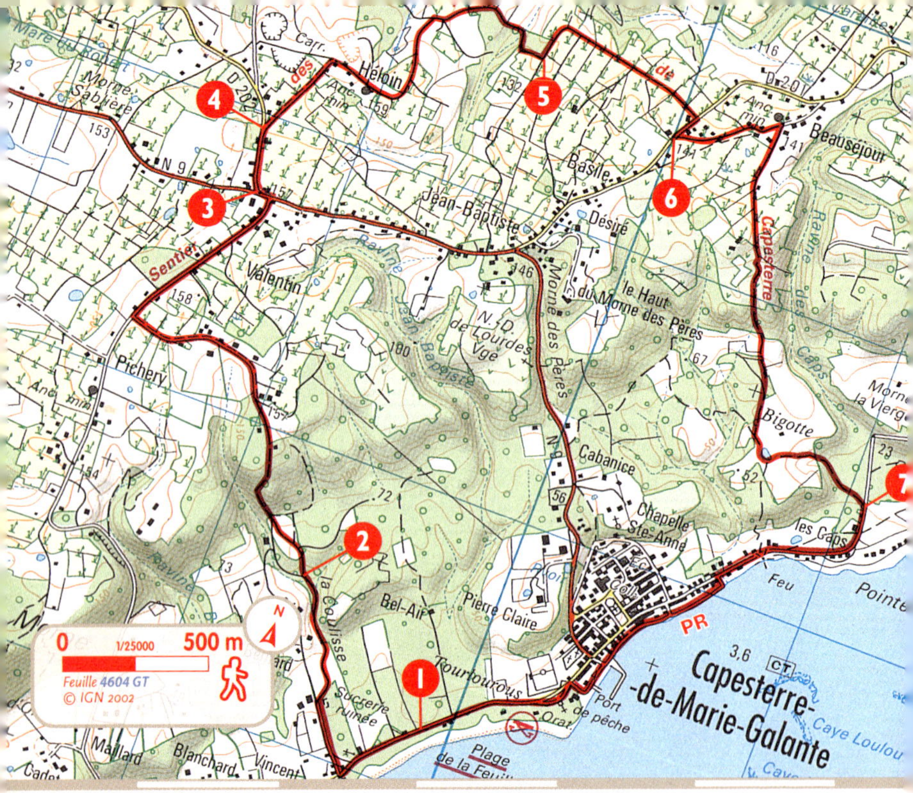

ENVIRONNEMENT

LES ÉOLIENNES

Les ressources de l'archipel en énergies renouvelables sont nombreuses et leur potentiel de développement important. L'éolien en particulier permet à la Guadeloupe d'être moins dépendante de l'extérieur. Les énergies renouvelables représentent 12 % de la production électrique totale en 2004, avec la production éolienne en tête, estimée à 32 000 MWh en 2004 soit 3 % de la production d'énergie du réseau guadeloupéen.

L'énergie du vent est exploitée au moyen d'aérogénérateurs qui produisent de l'énergie mécanique ou de l'électricité. La Guadeloupe compte environ deux cents éoliennes réparties sur la Grande-Terre, la Désirade et Marie-Galante pour une puissance installée de 20 mégawatts.

L'île utilise aussi d'autres sources d'énergies renouvelables (solaire, biomasse, géothermie, hydroélectricité, etc.).

ÉOLIENNE / PHOTO G.B.

Les **Hauts** de **Capesterre**

FACILE

3H • 8,5KM

Un sentier qui porte bien son nom ! De la plage, il mène sur un des plateaux de Marie-Galante offrant des points de vue remarquables sur le lagon et pénètre également au cœur des pâtures de l'île bien loin des plages de sable blanc !

CANNE À SUCRE
(*SACCHARUM OFFICINARUM*) /
DESSIN N.L.

S SITUATION
plage de la Feuillère, à 500 m au sud-ouest de Capesterre-de-Marie-Galante par la D 203

P PARKING
parking de la plage

/ DÉNIVELÉE
altitude mini et maxi, dénivelée cumulée à la montée

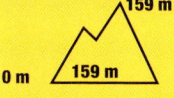

B BALISAGE
orange

! DIFFICULTÉS !
montée raide au départ

① Depuis la plage de la Feuillère, longer la route en direction de Grand-Bourg sur 300 m. Prendre la première route à droite qui devient empierrée après quelques mètres. Laisser sur la droite, sous la végétation, les ruines de l'ancienne sucrerie Bernard et suivre un chemin sur la droite. Franchir deux petits ponts.

② S'engager à droite sur la piste en pente taillée dans le calcaire, puis garder la direction par le sentier à forte pente qui grimpe sur le plateau. Passer alors devant une case et par son chemin d'accès à travers les champs de canne, rejoindre la route de Pichery ; la longer à droite et déboucher sur la N 9. Traverser la route et la suivre à gauche sur 50 m.

③ Tourner à droite sur la D 202 jusqu'à une bifurcation *(200 m)*.

④ Obliquer à droite sur un chemin en tuf *(concrétion calcaire)*. Par la droite, dépasser le moulin d'Hélouin *(à droite)*, puis descendre à gauche jusqu'à une bifurcation. Continuer alors tout droit sur un chemin enherbé, qui descend jusqu'à un fond humide pour remonter légèrement sur la gauche à travers les pâturages sur 100 m.

⑤ Longer alors un champ de canne à gauche *(100 m)*, puis prendre à droite un chemin conduisant à la D 201 ; la suivre à droite sur 100 m.

⑥ S'avancer à gauche sur un chemin qui passe à proximité d'une mare ombragée, puis conduit au moulin de Beauséjour. Virer alors à droite sur un chemin en tuf. Poursuivre tout droit la descente par une piste au milieu de la végétation arbustive jusqu'à un étang. Le contourner par la droite et reprendre la piste en face qui rejoint la route des Galets.

⑦ Par la droite, rejoindre Capesterre-de-Marie-Galante et longer le front de mer, puis la plage de la Feuillère jusqu'au point de départ. Une petite baignade sera bien méritée !

À DÉCOUVRIR...

> En chemin :
• plage de la Feuillère
• ancienne usine Bernard
• moulins d'Hélouin et de Beauséjour

> Dans la région :
• Capesterre et ses plages (Petite Anse)
• le site des Galeries et ses falaises creusées par la mer
• ferme éolienne de Capesterre

Le **sentier** de la **côte Est**

MOYEN

2H30 • 6KM

Cette randonnée permet d'accéder à des sites variés et peu fréquentés, en sillonnant entre la caye et les falaises, à travers les pâturages.

1 S'avancer sur le chemin à travers les champs de canne à sucre et rejoindre la D 201 ; la suivre à droite sur 150 m.

2 Quitter la route pour un chemin à gauche qui traverse un champ de canne. Emprunter à gauche un chemin taillé dans le calcaire ; il tourne et descend rapidement dans une ravine. Continuer tout droit jusqu'à une bifurcation.

3 S'engager à gauche sur un sentier qui serpente dans la forêt *(observer les gommiers rouges et les bois savonnette)* et atteint un carrefour avec le sentier de Falaises.

4 Tourner à droite *(point de vue sur l'anse Piton, la pointe des Châteaux et la Désirade)*. Le sentier passe successivement dans des boisements de raisiniers bords-de-mer et sur des roches d'origine corallienne *(remarquer les traces des anciens coraux et de la vie sous-marine sur les roches)*. En marchant sur la caye, dépasser les Roches Noires *(rochers coralliens de taille importante détachés de la caye)*.

5 Traverser un large pâturage, puis continuer tout droit. Contourner une clôture par la gauche *(sur le chemin, repérer la centrale éolienne à droite en hauteur ; décharge de Capesterre en cours de réhabilitation sur les falaises)*. Parvenir à hauteur de l'anse Feuillard, un peu avant la pointe de Tali.

6 Le sentier oblique à droite en sous-bois et monte au lieu-dit Barreau. Passer à gauche d'une mare : le sentier se termine sur un parking de tuf *(concrétion calcaire)* où se trouve un figuier étrangleur **7**.

BERNARD L'HERMITE
(PAGURATUS ARCUATUS) /
DESSIN P.R.

S SITUATION
Lieu-dit Borée, à 7 km au nord de Capesterre-de-Marie-Galante par la D 201

P PARKING
le long du chemin de Borée

/ DÉNIVELÉE
altitude mini et maxi, dénivelée cumulée à la montée

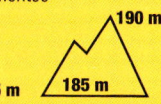

190 m

185 m

5 m

B BALISAGE
bleu clair

! DIFFICULTÉS !
• passage sur d'anciens récifs coralliens saillants (cayes)
• circuit linéaire : prévoir un second véhicule au parking de Barreau
• descente raide en **4**

À DÉCOUVRIR...

> En chemin :
• sentier des Falaises
• point de vue sur la Désirade et sur la pointe des Châteaux
• ansc Feuillard

> Dans la région :
• *O'Bou du Monde* (bar)
• moulin de Bézard
• distillerie *Bellevue*

LES MOULINS

Le moulin à vent servait à broyer les tiges de canne à sucre pour en tirer le jus ou « vésou » utilisé pour la fabrication du sucre. Formé d'une tour de 6 à 9 m pour 5 m de diamètre, le moulin possédait quatre ou six ailes. Ces ailes, démontées en période cyclonique, étaient orientées face aux alizés. La coiffe du moulin pivotait sur elle-même pour suivre le changement de direction du vent. Les ailes entraînaient l'arbre actionnant les rolles (cylindres métalliques) servant à broyer la canne. Le moulin est situé en hauteur, une gouttière canalisant le jus jusqu'à la sucrerie en contrebas.

La Guadeloupe comptait aussi des moulins actionnés par des bêtes ou par l'eau. Aujourd'hui, les tours parfois en ruines, ou enserrées dans les racines d'un figuier-maudit, rythment le paysage guadeloupéen.

LE MOULIN DE BÉZARD /
PHOTO S.G.

LE MANCENILLIER

Hippomane mancinella est un arbre fréquent sur le littoral sableux, de 5 à 20 m de haut, à écorce grise, dont les fruits ressemblent à de petites pommes. Un lait blanc (latex) s'écoule lorsque l'on casse une feuille.

Attention : cette sève laiteuse est extrêmement toxique ! Son contact provoque de graves brûlures. L'ingestion de ses fruits peut entraîner la mort. De même, il est formellement déconseillé de s'abriter sous cet arbre en cas de pluie, l'eau qui ruisselle sur les feuilles est corrosive.

Ces arbres sont souvent cerclés de rouge, mais pas toujours ; alors, apprenez à les reconnaître et faites attention !

MANCENILLIER / PHOTO ONF

Les **falaises** de **Marie-Galante**

Partez à la découverte des falaises et des anses du littoral du nord de Marie-Galante.

1 S'avancer sur le chemin à travers les champs de canne à sucre et rejoindre la D 201 ; la suivre à droite sur 150 m.

2 Quitter la route pour un chemin à gauche qui traverse un champ de canne. Emprunter à gauche un chemin taillé dans le calcaire ; il tourne et descend rapidement dans une ravine. Continuer tout droit jusqu'à une bifurcation.

3 S'engager à gauche sur un sentier qui serpente dans la forêt *(observer les gommiers rouges et les bois savonnette)* et atteint un carrefour avec le sentier de la Côte Est.

4 Tourner à gauche et rejoindre l'anse Piton. À gauche, le sentier remonte dans une ravine *(attention sentier escarpé)*. Continuer ensuite tout droit sur une piste à travers une forêt d'acacias.

5 Quitter la piste en suivant l'angle droit sur la droite, puis contourner un champ de canne. Prendre à droite le chemin qui remonte sur quelques mètres en sous-bois, puis, en gardant la direction, traverser les pâturages et la savane *(repérer une mare et un moulin en ruine)*. Arriver à une bifurcation dans un virage au niveau de la pointe Cavalle.

6 Bifurquer à droite *(point de vue sur la pointe Cavalle)*. Au niveau de l'anse Raquette, obliquer à droite pour longer le littoral. Le chemin vire rapidement à gauche *(bosquets)*, puis contourne une mare par la gauche.

7 Prendre à droite et longer les champs sur 400 m. Descendre à l'anse Ballet *(falaises, point de vue, ne pas s'approcher)*. Descendre dans le vallon à gauche par un sentier pierreux en sous-bois, puis à droite dans la ravine. Le sentier remonte sur le versant opposé *(pente raide)* et gagne une route ; la suivre à droite sur 300 m.

8 S'engager à droite sur le chemin menant à Caye Plate. À l'aire de stationnement, continuer tout droit. Arriver sur le chemin transversal d'Anse du Coq ; l'emprunter à gauche et retrouver la route. La suivre à droite, dépasser les habitations des Coqs, puis rejoindre la chapelle Sainte-Thérèse par un sentier à gauche **9**.

THÉ PAYS *(CAPRARIA BIFLORA)* / DESSIN N.L.

S SITUATION
lieu-dit Borée, à 7 km au nord de Capesterre-de-Marie-Galante par la D 201

P PARKING
le long du chemin de Borée

/ DÉNIVELÉE
altitude mini et maxi, dénivelée cumulée à la montée

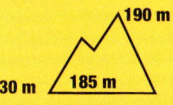

190 m

30 m / 185 m

B BALISAGE
bleu foncé

! DIFFICULTÉS !
• terrain glissant et boueux par temps de pluie
• circuit linéaire : prévoir un second véhicule à la chapelle Sainte-Thérèse

À DÉCOUVRIR...

> En chemin :
• exploitation agricole *Les sentiers de la Canne* (table d'hôtes)
• falaises
• point de vue
• forêt sèche

> Dans la région :
• *O'Bou du Monde* (bar)
• moulin de Bézard
• distillerie *Bellevue*

LE PAILLE-EN-QUEUE À BEC ROUGE

Il n'est pas le seul paille-en-queue *(Phaeton aethereus)* que l'on puisse observer nicher en Guadeloupe. En effet, il existe aussi le paille-en-queue à bec jaune, une espèce proche mais un peu plus petite et plus rare en Guadeloupe. Le paille-en-queue à bec rouge est un superbe oiseau marin blanc avec du noir sur les ailes et le dos. Il peut mesurer de 91 à 107 cm de long dont la moitié correspond uniquement à la longueur de sa queue très caractéristique. Il est présent dans la zone tropicale et subtropicale de l'océan Atlantique, dans le nord-ouest de l'océan Indien et dans l'est de l'océan Pacifique. Le paille-en-queue à bec rouge ne s'observe depuis la terre ferme que lors de sa période de repro-

Photo A.LE.

duction qui se déroule principalement de janvier à juin. Le reste du temps, il se disperse au large en mer. Cet oiseau installe son nid dans les trous et crevasses des falaises. Il pond un seul œuf par an. En Guadeloupe, on peut l'observer facilement à la pointe des Châteaux, à la pointe de la Grande-Vigie, aux Saintes et depuis les falaises de Marie-Galante.

LES FALAISES CALCAIRES

Sur ce milieu ensoleillé, venté et salé par les embruns marins, la végétation a développé des caractères d'adaptation : le frangipanier a recouvert ses feuilles de cire, le cactus raquette les a réduit à des épines…
Les falaises calcaires, spectaculaires par leur hauteur (jusqu'à 80 m), aux formes sculptées par la mer, sont l'un des paysages caractéristiques du nord de la Grande-Terre. Elles abritent une faune riche. Les grandes cavités creusées par les vagues constituent des refuges pour les chauves-souris comme le guimbo cavernicole. Les sternes y nichent en petites colonies. L'observation des couches visibles sur les parois verticales nous renseigne sur la formation géologique de l'archipel et sur la variation du niveau des océans.

FALAISES CALCAIRES DE MARIE-GALANTE / PHOTO ONF

HISTOIRE

LE VILLAGE D'AMÉRINDIENS

LITHOGRAPHIE D'UN VILLAGE AMÉRINDIEN, EN 1839 /
DOCUMENT ONF

Les Indiens caraïbes venaient de la Désirade, leur présence était occasionnelle sur Marie-Galante. Les vestiges d'un des rares villages postérieurs à 1660 ont été découverts par le père Maurice Barbotin. À cette date, les Indiens caraïbes signent un traité avec les Français et les Anglais, et gardent la souveraineté sur Saint-Vincent et la Dominique, alors que les Européens contrôlent les autres îles. Les Caraïbes ont toutefois le droit de s'installer sur ces îles comme à Marie-Galante. En 1815, le village était en voie de disparition. Certains Caraïbes ont rejoint la Dominique, les autres se sont mélangés à la population locale. Dans les années 1950, des traces de métissage subsistaient dans les familles alentour.

L'anse du Coq

PR® **46**

TRÈS FACILE

1H • 3KM

Tout en se remémorant la présence des Indiens caraïbes à Marie-Galante, cette balade constitue le seul accès pour se rendre sur la plage de l'anse du Coq.

1 Depuis la chapelle, prendre le chemin opposé de l'arrivée en voiture ; il bifurque à gauche derrière une case pour déboucher sur la route. Suivre la route à droite sur 300 m.

2 Au bout du hameau des Coqs, s'engager à gauche sur un chemin qui se dirige vers la mer en passant au milieu des acacias et d'un pâturage, jadis emplacement d'un village d'Indiens caraïbes. Ignorer un sentier à droite et descendre tout droit à l'anse du Coq. Traverser la plage.

3 Sur la gauche, le sentier remonte à travers la forêt jusqu'à la route *(écouter et observer les touloulous (crabes) qui iront se cacher dans leurs trous à votre passage)* ; la suivre à gauche, puis obliquer à droite sur un chemin empiérré pour retrouver la chapelle Sainte-Thérèse.

ANSE DU COQ / PHOTO ONF

S **SITUATION**
lieu-dit Martin à 12 km au nord-est de Saint-Louis par la D 205, puis la route de Vieux Fort

P **PARKING**
aux abords de la chapelle Sainte-Thérèse

/ **DÉNIVELÉE**
altitude mini et maxi, dénivelée cumulée à la montée

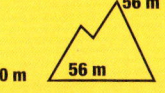

B **BALISAGE**
rouge

! **DIFFICULTÉS !**
20 m de descente abrupte sur roches calcaires avant l'anse du Coq

À DÉCOUVRIR...

> **En chemin :**
• chapelle Sainte-Thérèse
• ancien site d'habitation des Amérindiens

> **Dans la région :**
• Gueule Grand Gouffre : arche naturelle sculptée par l'océan
• Caye Plate : panorama du haut des falaises, ancien refuge des Caraïbes
• Vieux Fort : village de pêcheurs

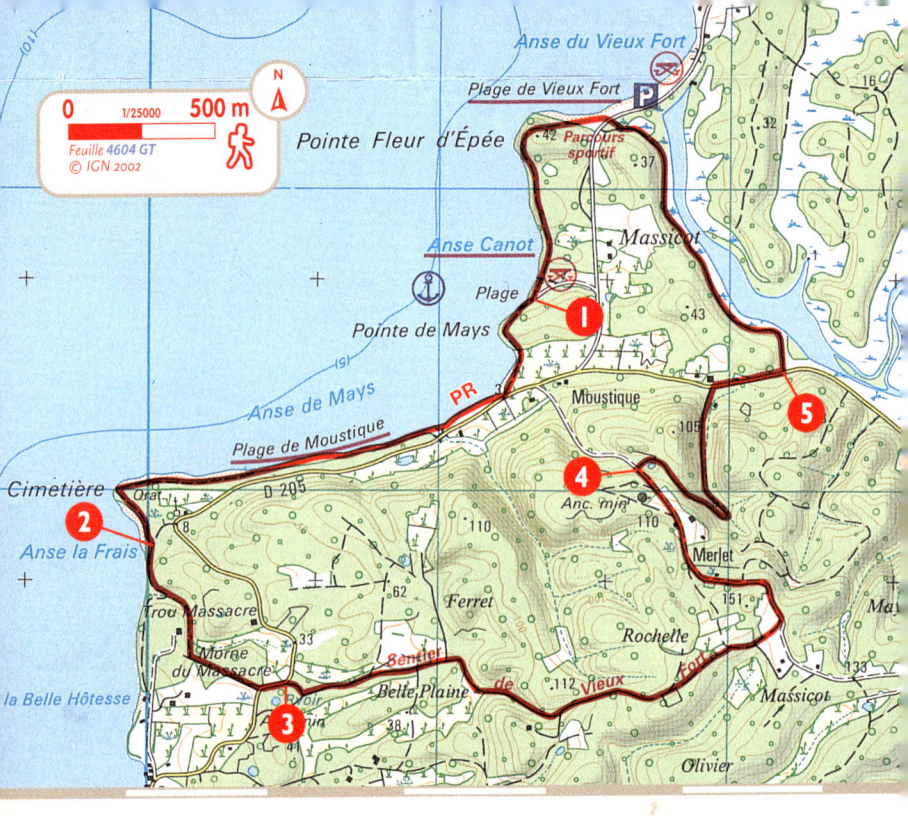

ENVIRONNEMENT

LA MANGROVE

La mangrove est un écosystème particulier se développant sous les tropiques dans des zones littorales, soumises
à l'influence des marées. L'arbre caractéristique de la mangrove est le palétuvier ou
mangle : quatre espèces sont représentées
en Guadeloupe (palétuviers blanc, rouge,
noir et gris). Ces espèces se sont adaptées
au milieu salé. Par exemple, le palétuvier
rouge a des racines échasses en arceaux
(rhizophores) servant à la respiration.

La mangrove a plusieurs rôles essentiels.
Elle sert de refuge, de source de nourriture, de lieu de reproduction pour de nombreuses espèces animales, de frein contre
l'érosion côtière et de filtre des eaux.
Reposant sur un équilibre des échanges
entre la mer et les flux d'eau douce, ce
milieu est sensible et doit être préservé.

DANS LA MANGROVE / PHOTO ONF

Le **sentier** de **Vieux Fort**

FACILE

3H • 9KM

Riche en anecdotes historiques, le sentier de Vieux Fort vous fera profiter des plus belles plages de Marie-Galante (anses Canot et de Mays) tout en découvrant sa mangrove.

1 Se rendre derrière la maison en bord de plage et poursuivre par le sentier ombragé qui traverse la pointe de Mays, puis longe un champ de canne. Arriver sur la D 205 ; bifurquer à droite et longer la plage de Moustique jusqu'à la pointe du Cimetière. Emprunter le sentier sur la gauche qui borde l'anse la Frais et arriver à une bifurcation.

2 Suivre le sentier sur la droite longeant le littoral et passant au milieu d'agaves. Il gagne une ravine et la remonte à l'ombre des arbres. Laisser sur la droite le trou Massacre, puis prendre à gauche un chemin enherbé montant à travers les pâturages pour rejoindre la route ; la suivre à gauche sur 100 m.

3 S'engager à droite dans le virage sur un chemin empierré. À la bifurcation, prendre le chemin à gauche qui monte dans une végétation arbustive. Arriver au sommet dans une zone de pâturage *(par temps clair, point de vue sur toute la Guadeloupe)*. Continuer jusqu'à la route Merlet ; l'emprunter *(chemin bétonné)* sur 600 m *(point de vue sur l'anse Vieux Fort et son îlet)*.

4 S'avancer sur un chemin enherbé à droite. À la carrière, suivre le chemin sur la gauche qui descend légèrement et rejoint la D 205. Prendre à droite sur 250 m.

5 Tourner à gauche sur un chemin enherbé se dirigeant vers la mangrove de Vieux Fort *(remarquer les palétuviers rouges à racines échasses et les mangles médailles aux larges contreforts, attention zone inondable)*. Au bout, traverser une route, puis longer à gauche la plage de Vieux Fort ou plage du Massacre sur 150 m. Derrière la petite construction au pied du morne, s'engager sur le sentier montant à la pointe Fleur d'Épée, puis redescendant à l'anse Canot.

MANCENILLIER
(*HIPPOMANE MANCINELLA*) /
DESSIN N.L.

S SITUATION
l'anse Canot, à 4,5 km au nord de Saint-Louis par la D 205

P PARKING
plage de l'anse Canot

/ DÉNIVELÉE
altitude mini et maxi, dénivelée cumulée à la montée

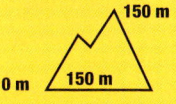

B BALISAGE
vert

! DIFFICULTÉS !
attention aux mancenilliers en bord de mer (sucs toxiques)

À DÉCOUVRIR...

> **En chemin :**
• plage de Moustique
• trou Massacre
• point de vue sur la Guadeloupe, sur l'anse Vieux Fort et son îlet
• mangrove
• plage du Massacre

> **Dans la région :**
• à Vieux Fort : club nautique, découverte de la mangrove
• Gueule Grand Gouffre
• Saint-Louis : débarcadère

Découvrir
les Saintes

Seuls les livres d'histoire et le musée du fort Napoléon se souviennent du passé tumultueux de l'archipel et de la sanglante bataille navale qui opposa les flottes anglaise et française au large des côtes.

Terre-de-Haut (522 ha, 1 729 habitants) est connue pour sa splendide baie aux eaux turquoises et claires (classée dans le club des plus belles baies du monde), son spectaculaire Pain de Sucre, son village aux rues bordées de coquettes maisons aux couleurs vives, et ses « tourments d'amour », pâtisserie locale. Les habitants, d'origine bretonne et normande, ont une longue tradition de pêche qu'ils pratiquent dans des canots appelés « saintoises ». L'air y est sec tout comme la terre et la végétation.

Faisant face à l'îlet de Terre-de-Haut et isolant la rade de la mer des Caraïbes, l'îlet à Cabrit est aujourd'hui peuplé uniquement d'iguanes et de cabris. Il abrite les vestiges du fort Joséphine. On y trouve aussi la très belle « couresse » des Saintes, couleuvre pouvant atteindre 1,50 m, inoffensive. Un chapelet d'îlets inhabités occupe la passe sud entre Terre-de-Haut et Terre-de-Bas : les Augustins, la Coche, Grand-Îlet et la Redonde, les Roches-Percées. Il faut avoir une autorisation spéciale pour se rendre sur la réserve ornithologique de Grand-Îlet.

Accessible uniquement en bateau, Terre-de-Bas (945 ha, 1 269 habitants) avec sa plage de Grande-Anse, les vestiges de l'ancienne poterie, les balades pédestres ou encore le petit village de Petite-Anse (centre administratif de l'île), est moins fréquentée que sa sœur Terre-de-Haut.

Aujourd'hui, on retrouve encore des fabricants de « Salakos », chapeaux réalisés uniquement par les hommes, et qui protègent du soleil pendant la pêche.

PHOTOS

(ci-contre) MÉMORIAL DES PÊCHEURS À TERRE-DE-HAUT : LE SAINTOIS ET SON « SALAKO » / ONF
(ci-dessus) LES CRÊTES DES SAINTES / C.F./ONF

LES ESPÈCES D'IGUANES

L'iguane est un reptile semi-arboricole, végétarien. Sa peau écailleuse est d'une couleur plus ou moins verte lui permettant de se fondre dans le paysage et d'échapper à ses prédateurs. L'adulte mesure entre 1,5 et 2 m. Les deux espèces d'iguanes existent en Guadeloupe. L'iguane vert, *Iguana iguana*, y est le plus courant avec sa queue rayée et une « écaille » en-dessous du tympan. Toutefois, il est absent à la Désirade. *Iguana delicatissima*, uniquement présent aux Petites Antilles, est plus petit et en danger d'extinction. Sa queue est unie. Il est protégé et vit au moins quinze ans. Dans les îlets de Petite-Terre (proche de la pointe des Châteaux), se trouve une population de plus de 8 000 individus. Les effectifs d'iguanes verts montrent qu'ils coloniseraient même de nouveaux milieux sur la quasi-totalité de l'archipel de la Guadeloupe.

IGUANE DES PETITES ANTILLES
(*IGUANA DELICATISSIMA*) /
DESSIN P.R.

Le **morne Morel**

Ce sentier vous donne accès à une zone encore assez sauvage de l'île et à des panoramas et couleurs inoubliables !

1 Depuis la baie du Marigot, au niveau du panneau du Conservatoire du Littoral, franchir le pont à droite. Passer entre l'eau et le restaurant, puis traverser la canalisation *(vue sur la Basse-Terre)*. En face d'un cactus cierge, bifurquer sur la droite en montant vers deux frangipaniers. Le sentier s'engage ensuite dans la forêt sèche. Environ 150 m plus loin, bien prendre à gauche, de nouveau à gauche après 40 m. Arriver dans une zone protégée *(l'association saintoise de Protection du Patrimoine contribue à la protection et au développement des espèces endémiques : tête-à-l'Anglais, orchidées...)*.

> Possibilité, en suivant la clôture sur la gauche *(260 m aller-retour)*, d'accéder à un beau point de vue sur la Basse-Terre, Terre-de-Haut et, en contrebas, sur le chantier naval *(attention à la falaise)*.

2 Prendre à droite au portail. Monter jusqu'à un carrefour.

> Possibilité, en prenant à gauche, d'effectuer une boucle le long des pointes *(1 km, 20 min)*.

3 Tourner à droite et gagner rapidement une bifurcation.

4 Poursuivre tout droit jusqu'à la ruine de la batterie Caroline. S'avancer au bout de la pointe *(depuis la plateforme fortifiée, panorama exceptionnel sur la Dominique, la plage de Pompierre en dessous, les anses de Terre-de-Haut, la Grande-Terre, la Basse-Terre et Marie-Galante tout au fond)*. Revenir sur ses pas jusqu'à la bifurcation précédente.

4 Descendre à gauche par quelques lacets, puis obliquer à droite en direction de Pompierre. Face à une construction, prendre à droite *(attention aux mancenilliers)* ; passer entre des habitations en empruntant une voie bétonnée. Arriver sur la route *(plage de Pompierre sur la gauche, pique-nique)*.

5 Virer à droite pour rejoindre le départ par la route.

SITUATION
Les Saintes, baie du Marigot, à 400 m au nord de Terre-de-Haut

PARKING
parking à côté du restaurant dans la baie

DÉNIVELÉE
altitude mini et maxi, dénivelée cumulée à la montée

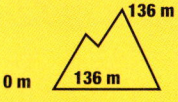

136 m

0 m / 136 m

BALISAGE
jaune

DIFFICULTÉS !
bien suivre le balisage (milieu ouvert sillonné par de multiples sentiers)

À DÉCOUVRIR...

> En chemin :
• cactus cierges, frangipaniers
• panoramas sur Terre-de-Haut et les îles environnantes
• batterie Caroline
• zone naturelle protégée

> Dans la région :
• Terre-de-Haut : le Chameau, le fort Napoléon, plage de Pompierre, cimetière marin
• Terre-de-Bas : ruines des poteries de Grande Baie, plage de Grande Anse, fabricant Salako, randonnée

PLAGE DE POMPIERRE / PHOTO G.F./ONF

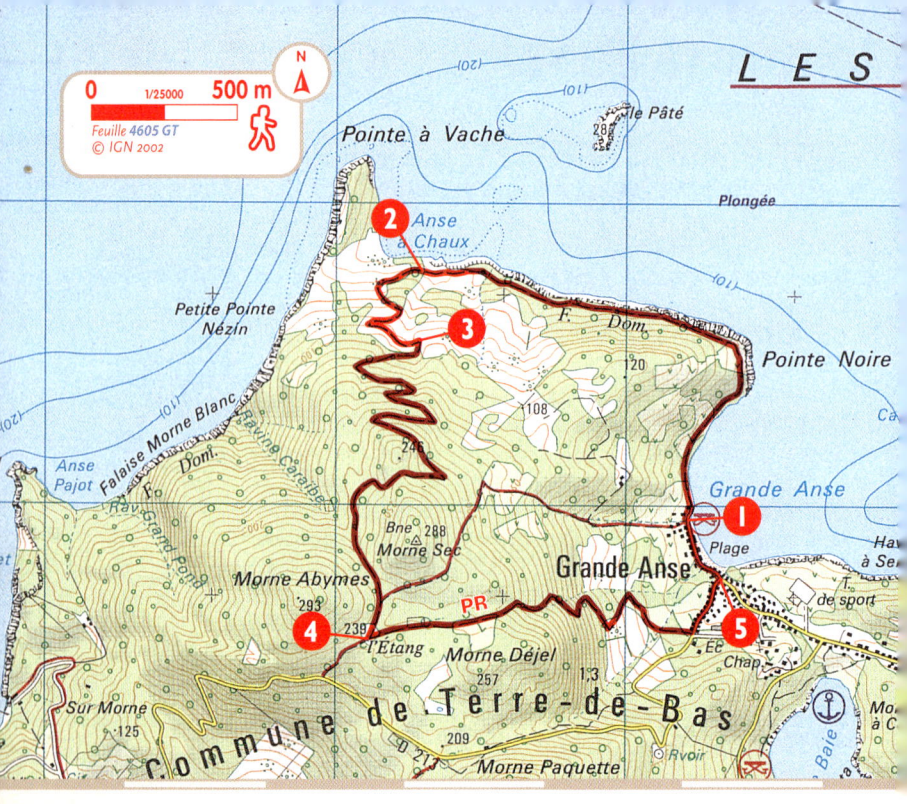

FAUNE ET FLORE
LE BOIS D'INDE

Pimenta racemosa est un arbre dont l'écorce se détache en plaques minces. C'est une plante aromatique dont les feuilles et les graines sont utilisées comme épice. En écrasant des feuilles de bois d'Inde, des parfums d'anis, de girofle ou de citronnelle se dégagent. Il a également sa place dans les jardins créoles pour ses vertus thérapeutiques. À Terre-de-Bas, l'association Mapou tente de relancer sa production, afin de valoriser le patrimoine de l'île. Au XIXe siècle, des huiles essen-tielles de bois d'Inde étaient produites à partir de la distillation des feuilles. La Dominique importait les feuilles, et les États-Unis l'huile essentielle pour la cosmétique. Aujourd'hui, une petite production existe grâce à l'association. Cette plante aux vertus médicinales est utilisée dans la fabrication du Bay-Rhum, lotion très appréciée des Gua-deloupéens pour les massages, frictions et pour la chevelure des hommes.

LE BOIS D'INDE
(*PIMENTA RACEMOSA*) / DESSIN N.L.

La **boucle** de **Terre-de-Bas**

PR® 49

FACILE

2H30 • 7KM

Partez à la découverte des secrets de Terre-de-Bas. Ce sentier vous conduira à travers l'histoire de l'île. Et la nature donne un caractère magique à cette balade !

1 Avant de partir, regarder à droite le panorama sur la Basse-Terre et Terre-de-Haut. Entrer dans la forêt sèche *(poirier-pays, bois d'Inde, merisier)* et longer le littoral. Le sentier rocailleux serpente en alternant entre ouvertures et passages en sous-bois *(faire attention aux mancenilliers)*. Dépasser pointe Noire *(le Pâté, petit îlet situé au nord de Terre-de-Bas est visible depuis cette partie du sentier)*. Franchir une clôture par la porte en face. Arriver au niveau de l'anse à Chaux *(ancien site de récolte du calcaire servant à alimenter les fours à chaux)*.

2 Quitter le littoral pour amorcer l'ascension du morne Sec. Après 100 m, traverser une prairie parsemée de roches et de poirier-pays *(point de vue)*. Laisser une mare sur la gauche *(cette retenue d'eau était autrefois utilisée par les agriculteurs pour l'irrigation et l'élevage pratiqués sur le site)*. Passer une haie d'arbres pour arriver dans un autre champ ; le traverser *(voir balisage sur un poirier-pays au milieu du champ)*. Franchir la crête, puis redescendre dans une plantation de poiriers-pays. Monter sur la gauche *(remarquer le calebassier)* et laisser sur la droite l'ancienne fabrique de chaux. Arriver en lisière de bois.

3 S'engager sur le sentier dans le sous-bois en traversant un enrochement. Au carrefour, suivre le sentier à gauche. Passer les ruines d'anciennes habitations. Contourner le sommet du morne Sec par la droite. À l'intersection avec la trace bleue venant de gauche, continuer à droite. Longer un étang *(remarquer la laitue d'eau en surface et la strate arborée)* et gagner un croisement.

> Possibilité en prenant à droite de rejoindre Petites Anses par la route du Nord *(30 min)*.

4 Par la gauche, suivre la trace du Pied de l'Etang *(balisage rouge)* qui se faufile entre le morne Sec et le morne Déjel. Descendre ensuite par un sentier en lacets et rejoindre un chemin empierré, puis la route D 213 ; la suivre à gauche jusqu'à un carrefour.

5 Se diriger à gauche vers la plage de Grande Anse. Après 250 m, la boucle est bouclée !

S **SITUATION**
Les Saintes, à 250 m au nord de la plage de Grande Anse (Terre-de-Bas)

P **PARKING**
au bout de la route

/ **DÉNIVELÉE**
altitude mini et maxi, dénivelée cumulée à la montée

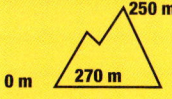

B **BALISAGE**
jaune

! **DIFFICULTÉS !**
• bien suivre le balisage dans les champs
• attention aux mancenilliers (dont le suc et les fruits sont très toxiques). Ne pas s'y abriter en cas de pluie

À DÉCOUVRIR...

> En chemin :
• forêt sèche
• mare
• fabrique à chaux
• anciennes habitations
• point de vue sur la Basse-Terre, Terre-de-Haut, le Pâté
• couleuvres (inoffensives)

> Dans la région :
• Terre-de-Bas : ruines des poteries de Grande Baie, plage de Grande Anse, fabricant Salako, randonnée
• Terre-de-Haut : le Chameau, le fort Napoléon, plage de Pompierre, cimetière marin

Découvrir le GR® G1
La Trace des Alizés

FOUGÈRE ARBORESCENTE / PHOTO PNG ; VUE SUR LA BASSE-TERRE / PHOTO D.B./PNG ; ORCHIDÉE / PHOTO C.F./ONF

Le GR® G1, aussi appelé « Trace des Alizés », est un sentier de Grande Randonnée® cheminant sur des crêtes dans un climat tropical humide. Il traverse la Basse-Terre dans toute sa longueur, dont la forêt de la pluie. Il est donc réservé aux personnes averties, voire d'un niveau sportif, ayant une solide connaissance du milieu et de ses spécificités.

Le découpage proposé a été réalisé en fonction des hébergements. Les étapes sont longues et les bivouacs se font en refuge. Ce qui implique une totale autonomie sur 6 jours (eau, repas, couchage…).

Il est fortement conseillé de prendre contact avec les associations locales ou avec un guide accompagnateur en montagne pour ce magnifique voyage (voir coordonnées p. 165).

Un plan de situation général permettant de visualiser l'itinéraire et l'emplacement des hébergements est présenté dans le rabat de la couverture.

Les 6 étapes du sentier GR®G1

n° 1 - Du **Vieux-Fort** à **La Citerne** / pp. 166 à 171	aller : 10 h 05	retour : 8 h 40
n° 2 - De **La Citerne** au **morne Frébault** / pp. 172 à 175	aller : 7 h 30	retour : 8 h 10
n° 3 - Du **morne Frébault** aux **Trois-Crêtes** / pp. 176 et 177	aller : 4 h 30	retour : 5 h
n° 4 - Des **Trois-Crêtes** au **morne Léger** / pp. 178 à 181	aller : 6 h	retour : 6 h 15
n° 5 - Du **morne Léger** à **Belle-Hôtesse** / pp. 182 à 185	aller : 8 h 20	retour : 7 h
n° 6 - De **Belle-Hôtesse** aux **Amandiers** / pp. 186 à 189	aller : 5 h	retour : 5 h 40

Comment utiliser ce guide GR®

POUR COMPRENDRE LA CARTE IGN

Les courbes de niveau
Chaque courbe est une ligne (figurée en orange) qui joint tous les points d'une même altitude. Plus les courbes sont **serrées** sur la carte, plus le terrain est **pentu**. A l'inverse, les courbes **espacées** indiquent une pente **douce**.

Route	══
Chemin	—
Sentier	- - -
Voie ferrée, gare	⊨▭
Ligne à haute tension	→
Cours d'eau	～
Nappe d'eau permanente	⬮
Source, fontaine	⚲
Pont	⫝
Eglise	⛪
Chapelle, oratoire	⚲⚲
Calvaire	†
Cimetière	⊞
Château	▰
Fort	⬡
Ruines	⁛
Dolmen, menhir	⊓△
Point de vue	⩗

D'après la légende de la carte IGN au 1 : 50 000.

Les sentiers de **Grande Randonnée®** décrits dans ce **TopoGuide** sont tracés **en rouge** sur la carte **IGN** au 1 : 50 000 (1cm = 500m).

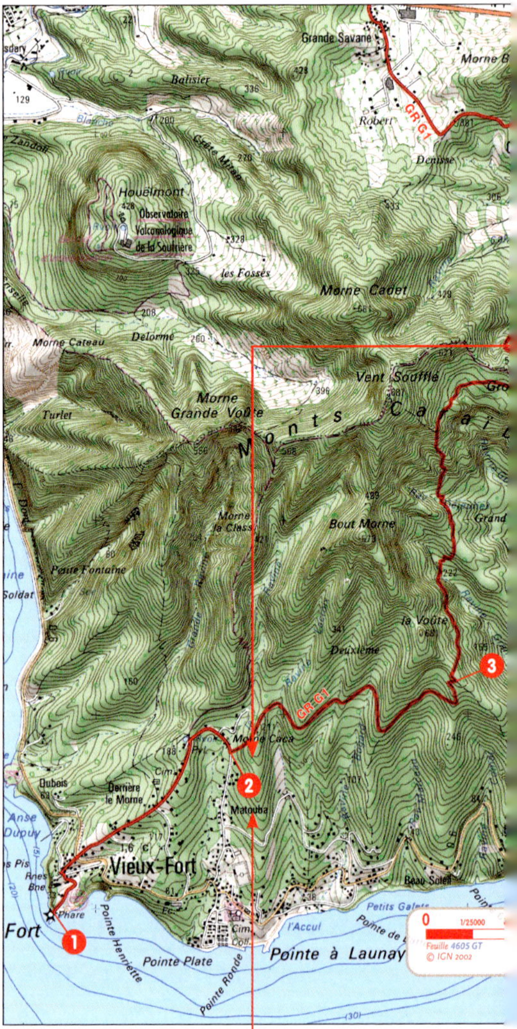

Situation géographique sur le sentier **GR®** (descriptif indiqué page de droite)

N° de l'étape
et temps de parcours

Étape n°1 / p. 166 à 171   aller : 10 h 05   retour : 8 h 40   **GR® G1**

De Vieux-Fort
à La Citerne

+1578m   860   -980m
0
[cumulés]

Altitude la plus basse
(en blanc), altitude la
plus haute (en noir),
dénivelées positives
et négatives cumulées
(en rouge).

De Vieux-Fort à une intersection   1 h 20

À Vieux-Fort >

1 Le GR® G1 débute au phare de Vieux-Fort ; il emprunte la route jusqu'à une intersection. Tourner à gauche, puis s'engager à droite dans la voie sans issue qui mène à des escaliers ; les gravir. Traverser la D 6, puis monter par une route passant par Derrière le Morne avant d'atteindre, près d'un réservoir, un pylône. L'itinéraire suit la route qui redescend sur la droite jusqu'à un pont.

2 Prendre à gauche la trace Vieux-Fort - Champfleury qui mène sur les hauteurs des monts Caraïbes *(voir le PR 29 pp. 94-95)*. Grimper le morne Caca, puis passer successivement les ravines Lacroix et Bogard en négligeant deux sentiers à gauche, puis deux à droite. Atteindre une intersection (300 m). Éviter le sentier de droite qui descend à Beauséjour.

D'une intersection à Gourbeye   2 h 20

3 La trace continue à gauche, pentue et glissante [👁 > point de vue sur le morne Pèrelle et sur Grande Anse de Trois-Rivières], et traverse les ravines Grand-Fond [👁 > palmiers royaux, cocotiers] et Déjeuner [👁 > ignames, arbres à pain, bananiers, cacaoyers, abricotiers pays]. Monter le long d'un talweg avant d'atteindre un palier riche en bambou précédant le col de Gros Acajou (520 m).

4 Redescendre à droite par une portion boueuse laissant place à une voie cimentée passant devant le Centre de Formation de Champfleury, puis atteindre une première intersection. Continuer tout droit jusqu'à la deuxième intersection pour entrer dans Champfleury (280 m).

Descriptif du bandeau :
☐ L'étape de... à...
☐ Temps de marche
▬ Couleur du balisage

2 Situation sur la carte
(indiquée p. de gauche),
avec descriptif détaillé
du sentier de Grande
Randonnée®.

👁 Curiosités
touristiques,
monuments, etc.
à découvrir durant
l'étape.

POINT DE VUE DES MONTS CARAÏBES / PHOTO G.B.

GR® G1 • Étape 1 • **167**

Idées de **randonnées**

L'ITINÉRAIRE DÉCRIT
GR® **G1** > *Trace des Alizés* : 6 jours (environ 65 km).

LE BALISAGE DU SENTIER
L'itinéraire principal du **GR**® **G1** est balisé en blanc-rouge.
La description du parcours est faite dans le sens sud - nord ; ell[e]
correspond au balisage sur le terrain. Toutefois, pour les randonneur[s]
qui préféreraient parcourir l'itinéraire dans l'autre sens (nord - sud), le[s]
temps sont également indiqués, sous l'appellation « retour ».

DEUX RANDONNÉES DE 2 ET 4 JOURS
Attention, pas de transports en commun, deux voitures sont nécessaires.

TRACE DES ALIZÉS - PARTIE SUD :	4 Jours
1er jour : Du Vieux-Fort à La Citerne (pp. 167 à 171)	10 h 05
2e jour : De La Citerne au morne Frébault (pp. 173 à 175)	7 h 30
3e jour : Du morne Frébault aux Trois-Crêtes (p. 177)	4 h 30
4e jour : Des Trois-Crêtes à la route de la Traversée (pp. 179 à 181)	5 h 45

TRACE DES ALIZÉS - PARTIE NORD :	2 Jours
1er jour : De la route de la Traversée à Belle-Hôtesse (pp. 181 à 185)	8 h 35
2e jour : De Belle-Hôtesse aux Amandiers (pp. 187 à 189)	5 h

VUE DEPUIS LA SOUFRIÈRE / PHOTO C.F./

Avant de partir... en randonnée

Période conseillée, météo

• Le GR® est praticable toute l'année, mais plus agréable et facile en période sèche (voir page 18). Un appareillage de communication est souhaitable en période cyclonique : août, septembre, octobre.

Il est conseillé de partir tôt le matin : il fait moins chaud et l'air est souvent plus pur.

Il faut se méfier en particulier du temps pluvieux : la plupart des traces comportent des traversées de rivières dont le niveau peut monter très rapidement.

Par ailleurs, la nuit tombe vite aux Antilles (entre 17 h 30 en décembre et 18 h 30 en juin), et mieux vaut éviter de se laisser surprendre par l'obscurité (lampe torche conseillée). Dans ce cas, pas de panique pourtant, essayer de trouver un endroit sec pour dormir, la forêt n'abrite aucun animal dangereux pour l'homme.

• Avant de partir, il est vivement recommandé de prendre connaissance des prévisions météorologiques :
www.meteo.gp, tél. 08 92 68 08 08.

Temps de marche

Les temps de marche indiqués dans les topo-guides des sentiers de Grande Randonnée® sont indicatifs. Ils correspondent à une marche effective d'un marcheur moyen. Attention ! Les pauses et les arrêts ne sont pas comptés.

Les temps indiqués dans ce guide correspondent au mode de calcul suivant : 300 m de dénivelée par heure à la montée et 400 à 500 m à la descente pour un randonneur moyennement chargé. Chacun doit donc interpréter ces temps en fonction de son chargement, de ses possibilités physiques, de la météo, etc.

Modifications d'itinéraires

Depuis l'édition de ce topo-guide, les itinéraires décrits ont peut-être subi des modifications rendues nécessaires par l'exploitation agricole ou forestière, le remembrement, les travaux routiers, les intempéries, etc. Il faut alors suivre le nouvel itinéraire balisé. Ces modifications, quand elles ont une certaine importance, sont disponibles, sur demande, au Centre d'information de la FFRandonnée (voir « Où s'adresser ? ») ou sur le site internet : www.ffrandonnee.fr à la rubrique boutique / mises à jour.

Les renseignements fournis dans ce topo-guide, exacts au moment de l'édition de l'ouvrage, ainsi que les balises n'ont qu'une valeur indicative et n'engagent en aucune manière la responsabilité de la Fédération. Ils n'ont pour objet que de permettre au randonneur de trouver plus aisément son chemin et de suggérer un itinéraire intéressant. C'est au randonneur d'apprécier si ses capacités physiques et les conditions du moment (intempéries, état du sol…) lui permettent d'entreprendre la randonnée, et de prendre les précautions correspondant aux circonstances.

Assurances

Le randonneur parcourt l'itinéraire décrit, qui utilise le plus souvent des voies publiques, sous sa propre responsabilité. Il reste seul responsable, non seulement des accidents dont il pourrait être victime, mais aussi des dommages qu'il pourrait causer à autrui tels que feux de forêts, pollutions, dégradations, etc.

Certains itinéraires utilisent des voies privées : le passage n'a été autorisé par le propriétaire que pour la randonnée pédestre.

Le randonneur doit être bien assuré. La Fédération et ses associations délivrent une licence ou une Randocarte incluant une assurance adaptée.

Recommandations

Ne troublez pas la tranquilité des lieux, gardez la discrétion nécessaire. Ne pêchez pas, ne chassez pas, et ne prélevez pas de végétaux. Respectez la faune et la flore que protège le Parc national de la Guadeloupe. Par ailleurs, tout au long du GR® G1, les gardes-moniteurs du Parc sont là pour informer, secourir, mais ils sont aussi assermentés et donc habilités à constater les infractions liées à la protection de l'environnement.

S'équiper et s'alimenter...
pendant la randonnée

S'équiper

Compte tenu du climat, l'équipement pour randonner en Guadeloupe doit être léger mais fonctionnel, robuste et efficace au plan de la protection contre l'eau. Il est conseillé de choisir des vêtements chauds et imperméables, de prévoir des vêtements de rechange (chaussettes notamment) protégés dans un sac en plastique.

Mettre des chaussures fermées (pas de sandales ou de nus-pieds), mais pas trop lourdes (les grosses chaussures de trekking s'alourdissent très vite en terrain humide).

Se munir d'une boussole, et emporter une petite pharmacie comportant notamment un produit de protection contre le soleil.

Emporter un téléphone portable chargé et avec suffisamment d'unités, ainsi qu'un GPS.

Chaque journée réclame un certain entraînement et une bonne condition physique. Certaines « grimpettes » sont éprouvantes et les fonds souvent boueux, sinon marécageux.

S'alimenter

En raison du nombre très restreint de points de ravitaillement sur l'itinéraire et de la forte dépense d'énergie, il est nécessaire de prévoir suffisamment de « vivres de course » pour 6 jours : substances énergétiques (barres de céréales, fruits secs, liquides contenant des sucres à digestion rapide…), pâtes et céréales à cuisson rapide, et aliments lyophilisés.

Pensez aussi à boire abondamment, mais attention à ne pas prendre n'importe quelle eau en milieu naturel. Se munir dans ce cas de pastilles purificatrices.

Prévoir de quoi réchauffer son repas le soir au refuge.

Se rendre et se déplacer en Guadeloupe

Autocars

De nombreuses compagnies privées sillonnent l'île. On arrête le chauffeur d'un signe de main. Les terminus correspondent aux deux villes principales : Pointe-à-Pitre et Basse-Terre.

Taxis

Pratiques mais plus chers, depuis le centre ville de Pointe-à-Pitre et dans les grands centres touristiques.

Locations de voiture

Aéroport de Pointe-à-Pitre, zone industrielle de Jarry et grands centres touristiques.

Hébergements, restauration, commerces et services

Les refuges du Parc, destinés à l'accueil des randonneurs de passage, sont ouverts toute l'année. Ils sont gratuits et non gardés. Il n'existe pas de système de réservation, l'occupation se faisant suivant la règle du premier arrivant.

Les refuges du Parc sont des « carbets de bivouac », ce qui signifie que leurs aménagements sont réduits. Vous n'y trouverez qu'un dortoir pour une vingtaine de personnes, équipé de bat-flancs.

Il n'y a pas de ramassage d'ordures, vous devez remporter vos déchets avec vous.

Attention ! Les seuls points de ravitaillements se trouvent à Gourbeyre et Sainte-Rose. Pensez donc à bien gérer ravitaillement et eau selon les étapes.

Le ravitaillement est également possible sur des sites accessibles en voiture : la Citerne (1er jour) et la Route de la Traversée (4e jour).

Tableau de ressources

GR® G1	Carbet de bivouac (abri)	Hôtel	Ravitaillement	Restaurant	Syndicat d'initiative	Car

Temps	RESSOURCES ▶ ▼ LOCALITÉS	Pages	🏠	🏨	🛒	🍴	ℹ	🚍
	VIEUX-FORT	167			•	•		•
3.40	GOURBEYRE	169			•	•	•	•
6.25	LA CITERNE	173	•					
7.30	MORNE FRÉBAULT	177	•					
4.30	TROIS-CRÊTES	179	•					
6.00	MORNE LÉGER	183	•					
8.20	BELLE-HÔTESSE	187	•					
5.00	LES AMANDIERS (SAINTE-ROSE)	189		•	•	•		•

SUR LA SOUFRIÈRE / PHOTO CGRP

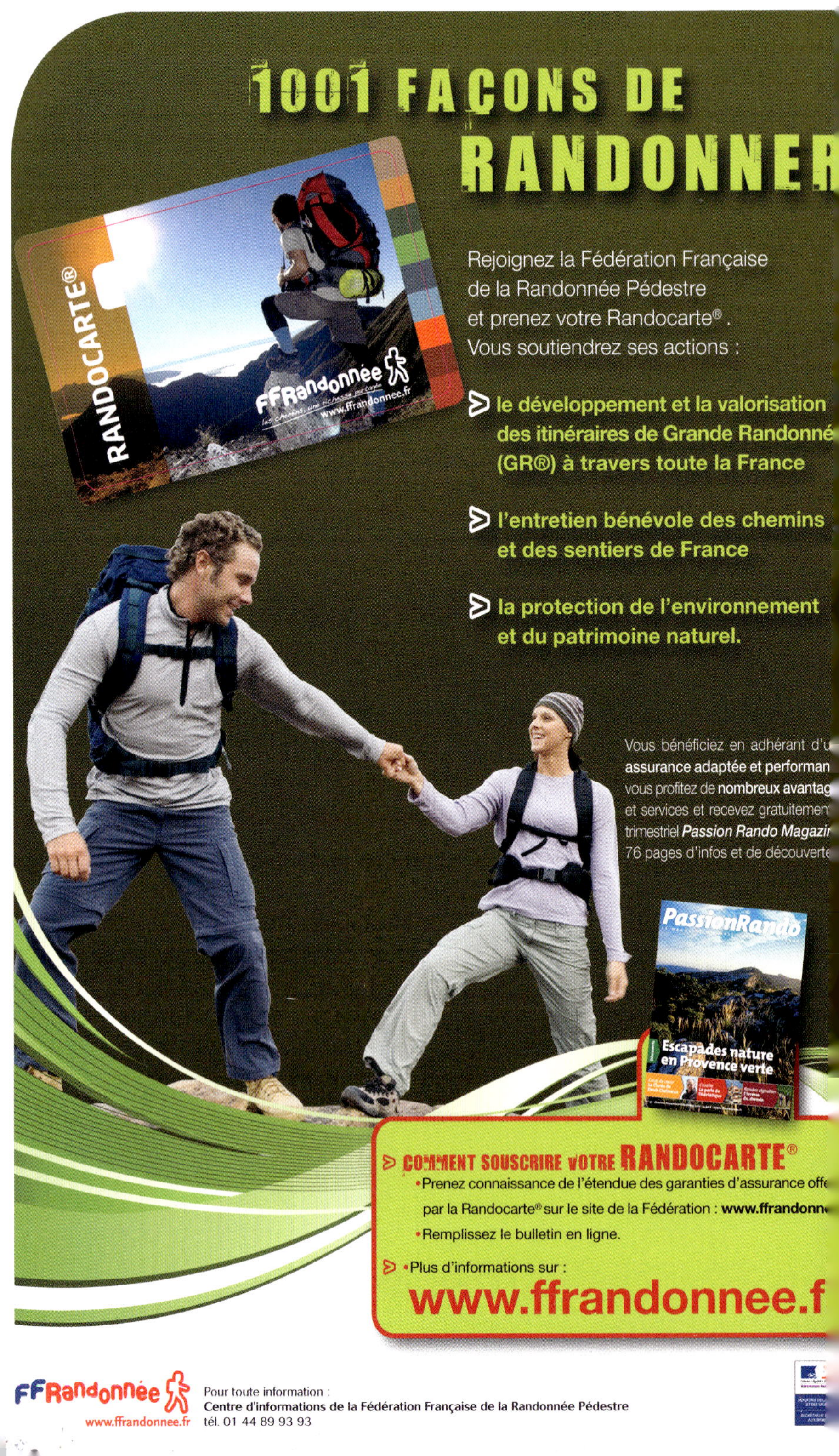
1001 FAÇONS DE
RANDONNER
RANDOCARTE®
FFRandonnée
les chemins, une richesse partagée
www.ffrandonnee.fr
Rejoignez la Fédération Française
de la Randonnée Pédestre
et prenez votre Randocarte®.
Vous soutiendrez ses actions :
le développement et la valorisation
des itinéraires de Grande Randonné
(GR®) à travers toute la France
l'entretien bénévole des chemins
et des sentiers de France
la protection de l'environnement
et du patrimoine naturel.
Vous bénéficiez en adhérant d'u
assurance adaptée et performan
vous profitez de nombreux avantag
et services et recevez gratuitemen
trimestriel Passion Rando Magazir
76 pages d'infos et de découverte
PassionRando
Escapades nature
en Provence verte
COMMENT SOUSCRIRE VOTRE RANDOCARTE®
•Prenez connaissance de l'étendue des garanties d'assurance offe
par la Randocarte® sur le site de la Fédération : www.ffrandonn
•Remplissez le bulletin en ligne.
•Plus d'informations sur :
www.ffrandonnee.f
FFRandonnée
www.ffrandonnee.fr
Pour toute information :
Centre d'informations de la Fédération Française de la Randonnée Pédestre
tél. 01 44 89 93 93

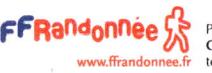

Accompagnateurs en Guadeloupe

Le sentier de Grande Randonnée® est associé à la mise en place d'un bureau des accompagnateurs en moyenne montagne. Fonctionnant sur le modèle des bureaux des guides, bien connus dans les massifs montagneux, il permet aux touristes randonneurs de retrouver une structure d'accueil qu'ils ont l'habitude de fréquenter au cours de leurs excursions.

Spécialiste du milieu tropical, les accompagnateurs en montagne de Guadeloupe sont les seuls professionnels à exercer contre rémunération dans des espaces de moyenne montagne, à climat tropical sur des terrains escarpés et détrempés en périodes de fortes précipitations.

Le GR® G1, de par sa difficulté, est l'une des prestations vendues par les accompagnateurs. Cette commercialisation peut être proposée sur plusieurs formes :

- vente simple ou location de matériel : hamacs, chaussures, sac à dos, topo-guides…
- GR® accompagné : un accompagnateur diplômé encadre entièrement les randonnées.
- GR® assisté : le client achète une prestation d'assistance (le ravitaillement en eau et nourriture) qui se négocie au coup par coup.

Gardez à l'esprit que le GR® G1 est réservé aux sportifs de très bon niveau. Il est donc très recommandé de se faire accompagner par des professionnels ; pour ce faire, il est souhaitable de contacter le Comité Guadeloupéen de Randonnée Pédestre (CGRP) pour se mettre en contact avec des accompagnateurs.

CGRP : 1, bis avenue du Général-de Gaulle / centre culturel du Raizet. Tél./fax 05 90 20 98 31 ou 06 90 35 17 54, cgrp971@orange.fr.

Photo © N. Vincent.

Des topo-guides® écologiques

L'orchidée qui fleurit sur nos chemins est fragile, puisqu'une espèce sur six est menacée de disparition. Soucieuse de cette nature à préserver, quoi de plus naturel pour la **FFRandonnée** que de s'inscrire dans une démarche de **développement durable** ? Ainsi, tous nos imprimeurs partenaires bénéficient des certifications Imprim'vert et PEFC®, garantie d'une production écologiquement contrôlée des topo-guides® (gestion des déchets par récupérateurs agréés, recyclage, utilisation d'encres à pigments non toxiques, aucun rejet en réseaux d'évacuation publics…).

Le papier utilisé est par ailleurs lui-même certifié, attestant qu'il provient systématiquement de bois issu de forêts gérées durablement.

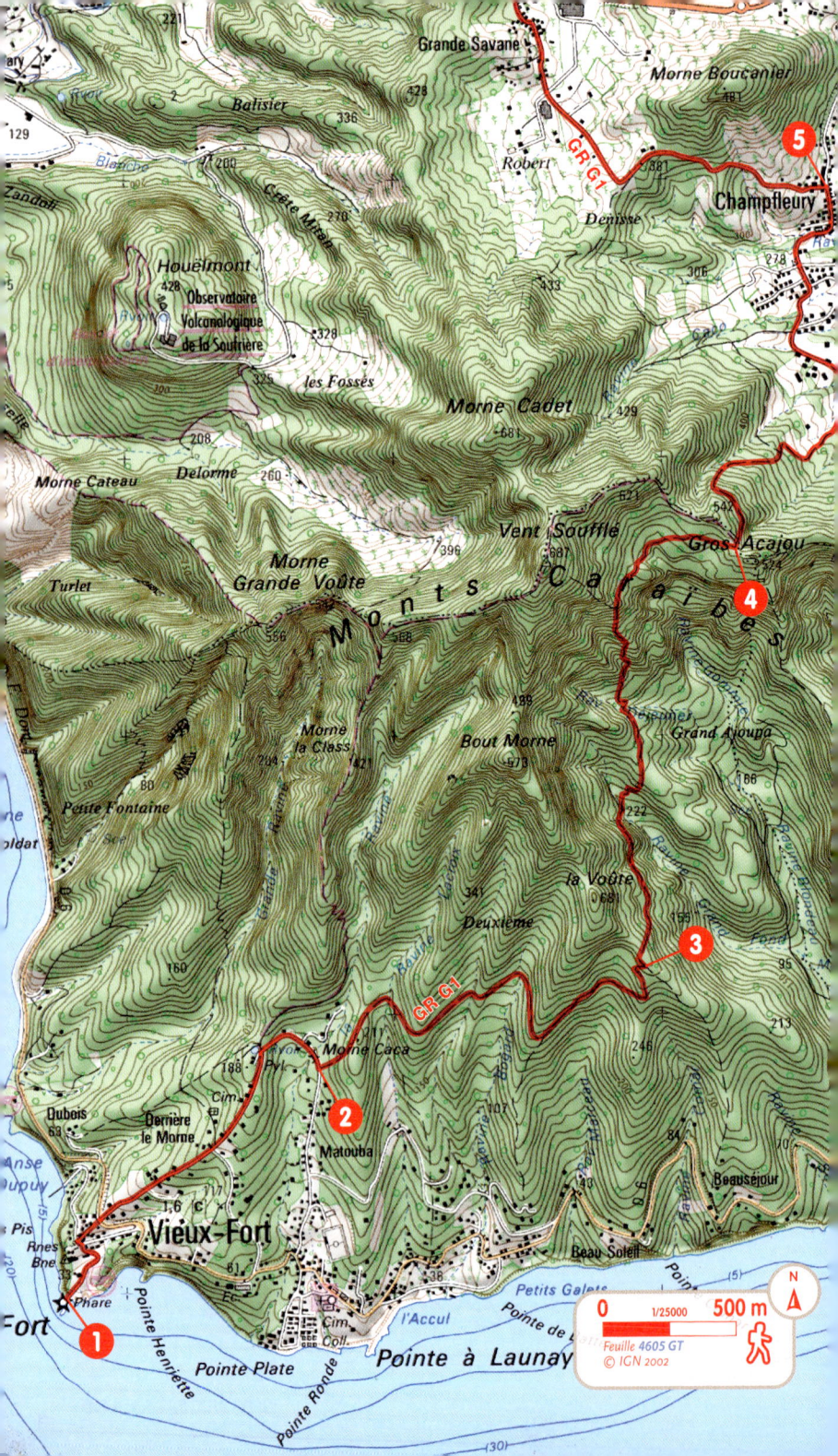

De **Vieux-Fort**
à **La Citerne**

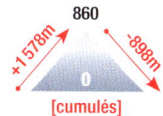

860
+1578m -899m
0
[cumulés]

De **Vieux-Fort** à une intersection   1 h 20

À **Vieux-Fort** >

❶ Le GR® G1 débute au phare de Vieux-Fort ; il emprunte la route jusqu'à une intersection. Tourner à gauche, puis s'engager à droite dans la voie sans issue qui mène à des escaliers ; les gravir. Traverser la D 6, puis monter par une route passant par Derrière le Morne avant d'atteindre, près d'un réservoir, un pylône. L'itinéraire suit la route qui redescend sur la droite jusqu'à un pont.

❷ Prendre à gauche la trace Vieux-Fort - Champfleury qui mène sur les hauteurs des monts Caraïbes *(voir le PR 29 pp. 94-95)*. Grimper le morne Caca, puis passer successivement les ravines Lacroix et Bogard en négligeant deux sentiers à gauche, puis deux à droite. Atteindre une intersection (300 m). Éviter le sentier de droite qui descend à Beauséjour.

D'une intersection à **Gourbeye**   2 h 20

❸ La trace continue à gauche, pentue et glissante [👁 > point de vue sur le morne Pérelle et sur Grande Anse de Trois-Rivières], et traverse les ravines Grand-Fond [👁 > palmiers royaux, cocotiers] et Déjeuner [👁 > ignames, arbres à pain, bananiers, cacaoyers, abricotiers pays]. Monter le long d'un talweg avant d'atteindre un palier riche en bambou précédant le col de Gros Acajou (520 m).

❹ Redescendre à droite par une portion boueuse laissant place à une voie cimentée passant devant le Centre de Formation de Champfleury, puis atteindre une première intersection. Continuer tout droit jusqu'à la deuxième intersection pour entrer dans Champfleury (280 m).

POINT DE VUE DES MONTS CARAÏBES / PHOTO G.B.

Étape n°1 : de Vieux-Fort à La Citerne

5 Prendre à gauche la forte pente qui mène au col Denisse (370 m) [👁 > point de vue], près du morne Boucanier. Le GR® redescend vers Grande-Savane que l'on traverse. Prendre, à 200 m de la route nationale, une voie sans issue. Le GR® passe dans le souterrain sous la route nationale et ressort devant la gendarmerie pour rejoindre le bourg. Tourner à gauche pour atteindre l'hôtel de ville de Gourbeyre (330 m).

De Gourbeyre au départ de la trace des Poteaux   1 h 30 🟥

À Gourbeyre > 🛒 🔧 ℹ️ 🚌

6 Le GR® suit la D 10 en direction de Palmiste [👁 > carbet - table, bancs - et point de vue] et passe aux hameaux de Valeau et Liard.

7 Prendre à gauche la route qui mène à Moscou en direction de la trace des Étangs.

8 Passer devant le panneau d'indication de la trace du Bassin Bleu *(voir le PR 26 pp. 88-89)*.

Le GR® suit la route menant à Moscou, passe devant un chenil et une ferme photovoltaïque avant de franchir un ponceau. Atteindre les carbets près de la rivière Grande Anse. Passer devant les hangars d'une habitation bananière que l'on traverse [👁 > par beau temps, vue sur le volcan de La Citerne].

Variante par La Citerne

Possibilité de raccourcir l'étape de deux heures en prenant la trace dite des poteaux à gauche du hangar de béton (très forte dénivelée). Cette trace mène au sommet de La Citerne, aux pieds des pylônes de télécommunication [👁 > vue sur l'Échelle et la Soufrière]. Prendre alors le premier chemin en béton (entre de grosses pierres) à droite pour rejoindre le refuge de La Citerne.

TRACE DES POTEAUX SUR LA CITERNE ; LA SOUFRIÈRE EN ARRIÈRE-PLAN / PHOTO C.P.G.

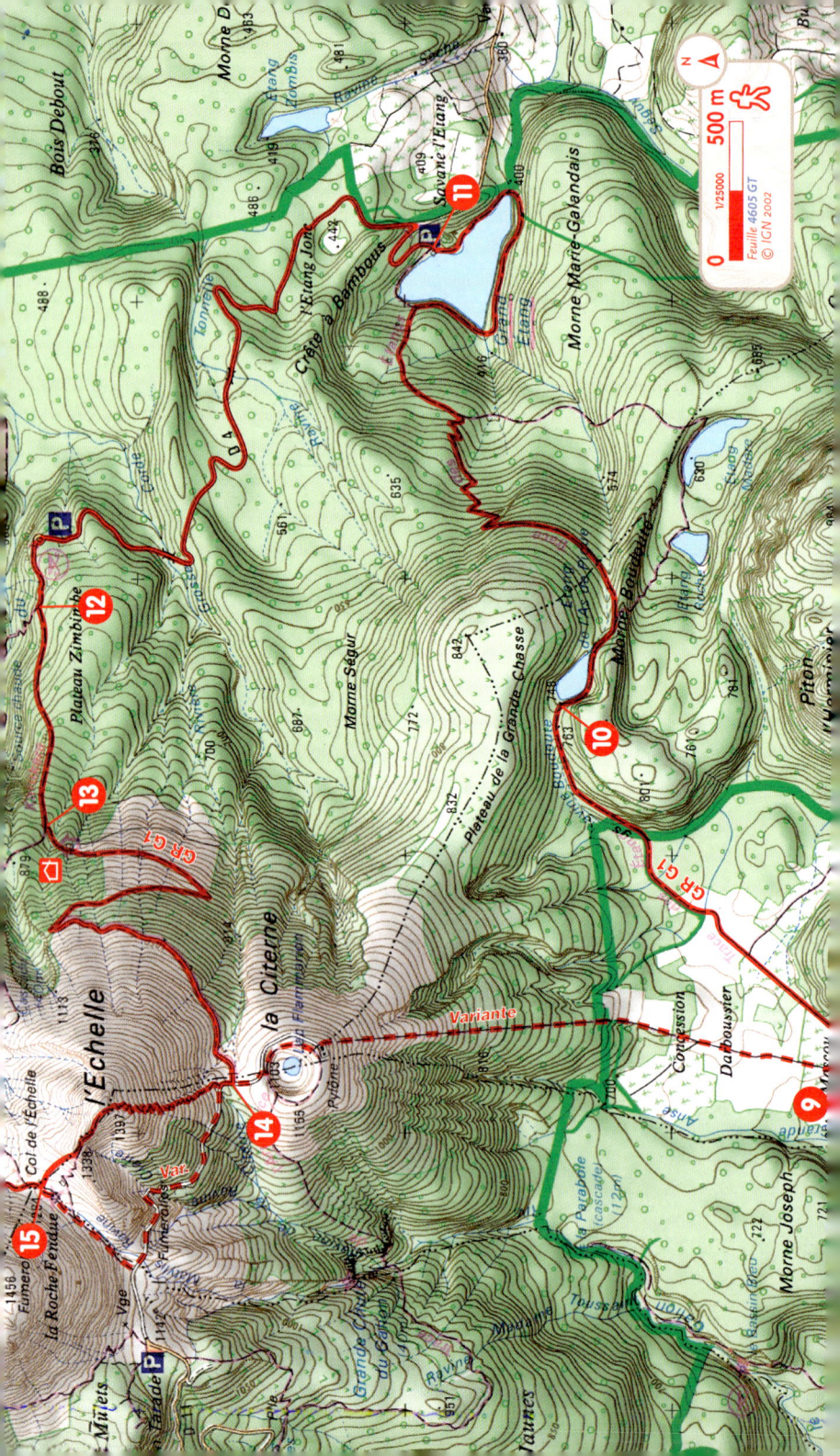

Du départ de la trace des Poteaux **au** Grand-Étang   3 h 05

9 Suivre la trace des Étangs. Le chemin se rétrécit pour devenir sentier. Traverser un ravineau et poursuivre sur une portion boueuse. Grimper sur les flancs du morne Boudoute puis, par une descente progressive, parvenir à l'étang de l'As-de-Pique (748 m).

10 Le GR® longe la rive du plan d'eau jusqu'à son déversoir pour amorcer une descente. Elle se poursuit sur une trace en lacets qui traverse des racines de gommiers blancs, de bois rouges carapates, d'acomats boucans, et conduit au Grand-Étang (400 m). Le contourner par la droite ou la gauche. Poursuivre jusqu'à la route d'accès [👁 > panorama ; panneaux d'informations].

Du Grand Étang **à** La Citerne   1 h 50

11 Le GR® emprunte la route. À l'intersection, prendre à gauche en direction de l'aire de pique-nique des chutes du Carbet (600 m) [👁 > point de vue, aire de pique-nique, point d'eau, wc]. Le GR® suit sur environ 400 m le sentier qui mène aux chutes *(voir le PR 23 pp. 82-83 et le PR 24 pp. 84-85)* [👁 > succession de trois cascades].

12 Prendre à gauche la trace Karukéra. Par une montée soutenue à travers des racines, dans un sentier boueux, atteindre le lacet de l'ancienne piste de la Citerne, sur la gauche. Suivre cette piste sur 150 m jusqu'au carbet de bivouac de La Citerne (860 m) **13**.

À La Citerne > 🏠

FAUNE ET FLORE

LA MANGOUSTE

La mangouste appartient à la famille des viverridés *(Herpestes auropunctatus)*, mammifères carnivores de petite taille, au corps allongé, au museau pointu. Introduite en Guadeloupe en 1884, afin d'essayer de limiter les populations de rats qui causaient de gros dégâts dans les champs de canne à sucre, la mangouste est facilement reconnaissable à son pelage fauve. Elle est basse sur patte et mesure 60 cm de long. Farouche et très agile, elle a un régime alimentaire très éclectique insectes, rongeurs, crabes, crustacés, oiseaux, reptiles. Elle s'est multipliée rapidement en Guadeloupe car elle n'a pas de prédateur naturel. En fait, son introduction s'est avérée être une grave erreur écologique et, dans les années 70, une campagne de destruction des nuisibles, visant à réduire leur nombre, a été lancée.

MANGOUSTE / PHOTO CP.G.

De La Citerne au morne Frébault

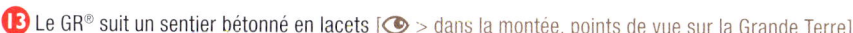

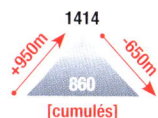

1414
+950m
860
-650m
[cumulés]

De La Citerne à une bifurcation   2 h 20

À La Citerne >

13 Le GR® suit un sentier bétonné en lacets [👁 > dans la montée, points de vue sur la Grande Terre].

> Arrivée de la variante par le sommet de La Citerne.

    Variante (non balisée) par la route
    Pour éviter la montée de l'Échelle, sportive, possibilité de suivre la route ; avant le parking de « la savane à mulets », prendre le premier sentier à droite pour rejoindre le col de l'Échelle et le GR® au niveau de la « roche fendue » (itinéraire fléché).

14 Emprunter à droite une route sur environ 50 m, puis s'engager à droite dans un sentier en lacets qui mène au sommet de l'Échelle (1 397 m). Le GR® continue tout droit pour redescendre par le morne Mitan en passant devant le Tabouret du Diable, puis l'ancien abri géophysique (⚠ > **parcours sportif**).

15 Prendre à droite et passer devant la « roche fendue » au col de l'Échelle. La trace contourne le volcan de La Soufrière en prenant à gauche à chaque intersection jusqu'à une bifurcation (1 310 m).

D'une bifurcation au col du morne Bontemps   3 h 15

16 Le GR® emprunte à droite la trace menant au sommet du Carmichaël (1 414 m).

17 Par un parcours vallonné et boueux, se poursuivant par une descente raide et glissante, parvenir à un col (1 150 m).

LA SOUFRIÈRE / photo C.P.G.

Étape n°2 : de **La Citerne** au **morne Frébault**

18 Prendre à droite pour gravir le sommet de la Grande Découverte (1 280 m). Le GR® redescend vers La Vigie (1 160 m), puis bifurque à droite. Parcours commun avec la trace Victor Hugues *(divers points d'eau).* Par une descente glissante, parvenir à la Savane aux Ananas où un point géodésique marque, au milieu de la trace, l'altitude inférieure (968 m).

19 Le sentier devient tapis de mousse puis, rocailleux, il s'élève vers le col du morne Bontemps (1 183 m).

De col du morne Bontemps au morne Frébault   1 h 55

20 Négliger le sentier de gauche qui mène aux sommets des Grand et Petit sans Toucher. Restez sur la trace Victor Hugues. La trace chemine dans les méandres et fondrières des flancs du Sans Toucher (⚠️ **> redoubler de vigilance lors de franchissement des ravineaux)**, puis traverse la Savane l'Herminier (1 150 m).

21 Le GR® longe les flancs du morne à Mitre, puis ceux de la Matéliane (⚠️ **> passage délicat, échelle. Faire le plein d'eau dans la ravine au pied de l'échelle. Autres points d'eau possibles après les échelles, juste avant le carrefour qui descend vers Sarcelle par la trace Victor Huges)**. Atteindre un petit col.

> À droite, la trace Victor Hugues mène à un point d'eau si besoin.

22 Continuer tout droit et poursuivre vers le morne Incapable (ou Frébault) que l'on atteint à travers une savane herbacée. Gagner le carbet de bivouac du morne Frébault (1 100 m) **23**

Au morne Frébault > 🏠

ENVIRONNEMENT
LA VÉGÉTATION D'ALTITUDE

La hauteur de la végétation diminue quand l'altitude augmente. Ce phénomène est dû au fait que plus l'altitude est élevée, plus les conditions climatiques sont rudes. En effet, au dessus de 1 000 m, les températures sont relativement basses, les précipitations ainsi que le brouillard quasi permanents. Les vents sont fréquents et violents, et le sol très acide.

Trois types de végétation se développent dans ce milieu difficile :
- la strate herbacée sur les plus hauts sommets : les prairies aquatiques dans les cuvettes engorgées, et les tourbières à sphaignes dans les secteurs mieux drainés ;
- les savanes d'altitudes : en milieux abrités, le mangle montagne, et en milieux exposés, la palmeraie naine à choux palmiste et les savanes à ananas ;
- la forêt rabougrie: milieu de transition composé de certaines espèces de la forêt hygrophile sous forme naine – par exemple l'olivier-montagne et le mangle montagne – et d'espèces qui lui sont propres, telles que le petit citronnier.

Du morne Frébault aux Trois-Crêtes

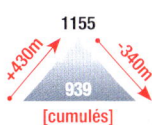

1155

+430m   -340m

939

[cumulés]

Du morne Frébault à une bifurcation   2 h

Au morne Frébault >

23 La trace suit la ligne de crête pleine de blocs rocheux et de fondrières. Poursuivre vers le morne Moustique (ou Joffre) que l'on gravit par un étroit couloir, qui est aussi le passage d'eau de pluie. La descente qui suit traverse une végétation dense qui permet d'atteindre une source de la rivière Moustique *(excellent point d'eau).*

Le GR® remonte légèrement puis, par une portion assez plate précédant la deuxième source de la rivière Moustique, atteint une bifurcation (980 m).

D'une bifurcation aux Trois-Crêtes   2 h 30

24 Laisser à droite la trace Merwart et suivre, à gauche, la trace Marcel Duhoux. Par une montée aisée, devenant soutenue à l'approche du morne Norès, suivie de passages sur des crêtes rocheuses, précédant une descente mouvementée, le GR® parvient au col Duhoux (939 m) *(point d'eau).*

25 Le sentier gravit progressivement la forte pente (⚠ **> passage délicat**) qui mène au morne Bel Air ou Merwart (1 155 m).

Descendre le long de la ligne de crête [👁 > vue plongeante], puis atteindre un fond. Par un parcours en sous-bois, aux travers de ravines, parvenir au carrefour des Trois-Crêtes et atteindre le carbet de bivouac à quelques mètres sur la gauche (917 m) **26**.

Au bivouac des Trois-Crêtes >

VÉGÉTATION D'ALTITUDE / PHOTO C.P.G.

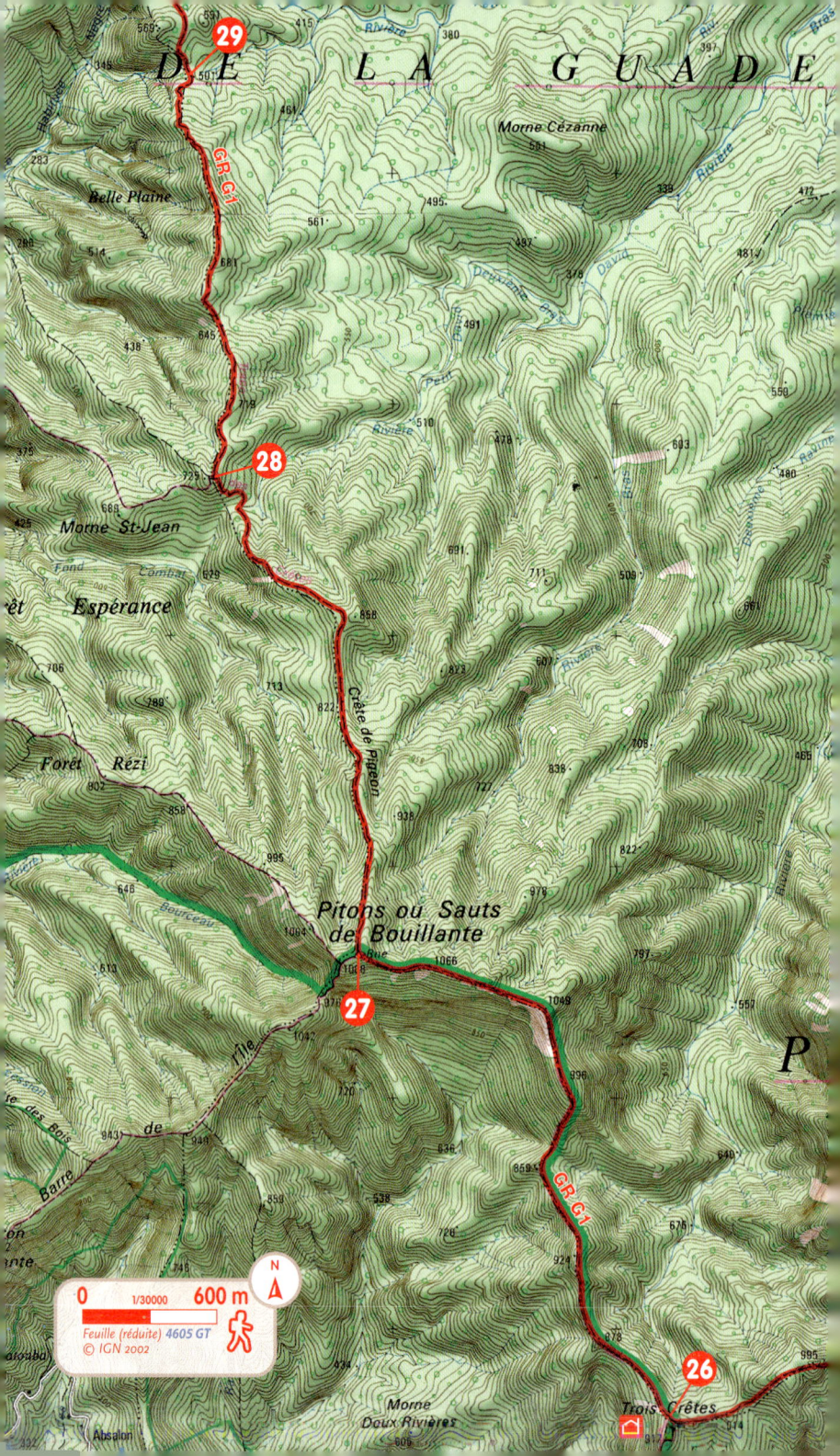

Des Trois-Crêtes au morne Léger

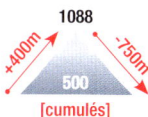

1088
+400m -750m
500
[cumulés]

Des Trois-Crêtes à une bifurcation

3 h

Au bivouac des Trois-Crêtes > 🏠

26 Le GR® prend la trace du Nord. Par une succession de montées et de descentes (⚠ **> passages délicats),** parvenir au sommet des pitons de Bouillante (1 088 m) [👁 > panorama sur la mer et la Côte-sous-le-Vent].

27 Le GR® amorce par la droite une longue descente souvent très boueuse le long de la crête de Pigeon *(voir PR 14 pp. 62-63)*. Plus bas, une fenêtre offre une vue sur la Côte-Sous-le-Vent.
Une source *(point d'eau)* de la rivière Petit-Bras-David précède une bifurcation (750 m).

D'une bifurcation au morne Léger

3 h

28 Prendre à droite ; le cheminement est ralenti dans cette portion particulièrement boueuse jusqu'au point d'eau des Mamelles (500 m).

REFUGE DES TROIS-CRÊTES / PHOTO G.B.

29 Grimper la petite pente pour atteindre la route de la Traversée *(en prenant à droite 50 m avant la route, possibilté de monter sur la Mamelle de Petit-Bourg, voir PR 8, pp. 50-51)*. L'emprunter à gauche sur environ 800 m *(au col des Mamelles, possibilté de monter sur la Mamelle de Pigeon, voir PR 13, pp. 60-61)*.

30 S'engager à droite dans le sentier du Morne Léger. Prendre la trace qui s'enfonce dans le sous-bois et qui mène au carbet de bivouac du morne Léger (560 m) **31**.

Au morne Léger >

FAUNE ET FLORE
L'AGOUTI

L'agouti appartient à la famille des Dasyproctidés (*Dasyprocta aguti noblei*). L'agouti aurait été introduit par les Amérindiens avant la période historique. Rongeur de la taille d'un lapin, on le reconnaît à sa silhouette particulière. Il mesure entre 40 et 60 cm. Sa tête ressemble à celle d'un rat, son museau est allongé, ses membres postérieurs sont plus longs que les antérieurs. Sa nourriture est composée essentiellement de matières végétales : rhizomes de fougères, tubercules sucrés (patates douces), jeunes feuilles, écorce, fruits (baies), mais aussi manioc et autres plantes cultivées. Méconnu en Guadeloupe, il n'en resterait qu'une petite population dans la région de Goyave. Afin d'empêcher son extinction totale, les autorités l'ont déclaré « espèce protégée ». Malheureusement, celle-ci s'avère inefficace car l'agouti est très braconné pour sa chair qui est fort estimée.

PHOTO CP.G.

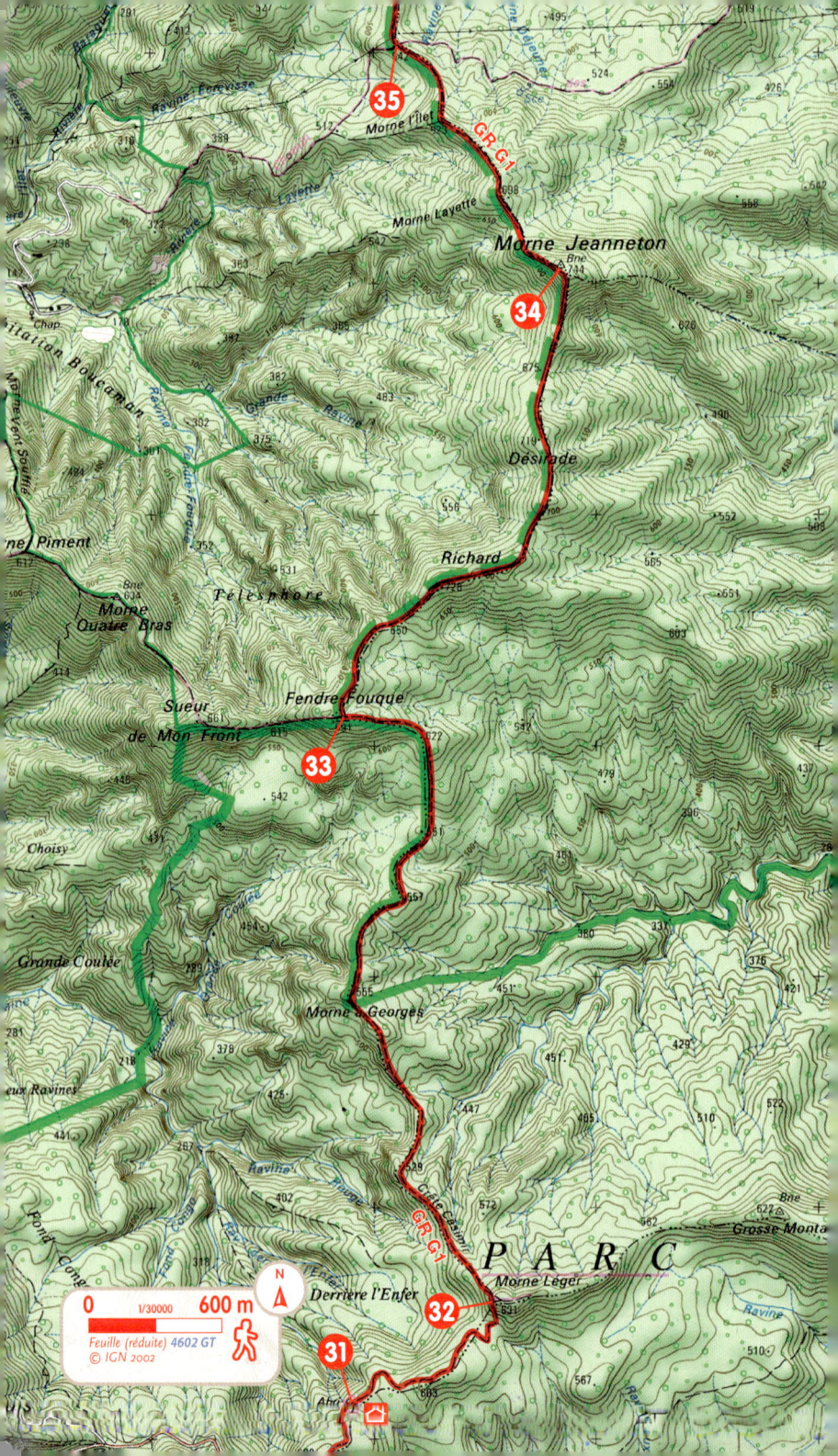

Du morne Léger
à Belle-Hôtesse

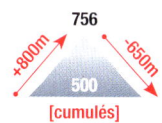

756
+800m · -650m
500
[cumulés]

Du morne Léger au Fendre-Fouque   2 h

Au morne Léger >

31 Le GR® continue sur la trace jusqu'à une bifurcation précédant le morne Léger.

32 Tourner à gauche pour descendre la crête Casimir assez pointue. Franchir le morne à Georges (555 m), au relief peu accusé, que rien ne distingue. Par une montée soutenue, arriver au sommet du Fendre-Fouque (694 m).

Du Fendre-Fouque au carrefour des Contrebandiers   2 h 40

33 S'engager à droite [👁 > quelques trouées permettent d'admirer le paysage]. Poursuivre sur les fondrières d'une crête étroite et parfois rocheuse, traversant les sommets Richard puis Désirade pour rejoindre le morne Jeanneton (744 m) [👁 > point de vue].

34 Par une descente soutenue parmi les racines d'arbres, le GR® parvient au carrefour avec la trace des Contrebandiers (542 m) *(voir le PR 7 pp. 46-47)*.

FAUNE ET FLORE
LA MYGALE DE GUADELOUPE

Découverte en 1999 par une équipe de spécialistes travaillant pour le compte de l'Association pour la promotion et la protection des invertébrés (APPI), la mygale de Guadeloupe ou mygale de la Soufrière, endémique du volcan, porte le nom savant de *Holothele sulfurensis*.

La femelle de 2 cm et le mâle de 1 cm ne vivent qu'au dessus de 700 m d'altitude, aussi bien en milieu ouvert que fermé. Cette espèce vit au sol en se ménageant une petite loge souvent tapissée de soie mais ne creuse jamais de terrier. Elle ne mange que des proies vivantes en aspirant leur contenu après les avoir ramollies avec ses sucs gastriques.

C'est une espèce protégée.

PHOTO CP.G.

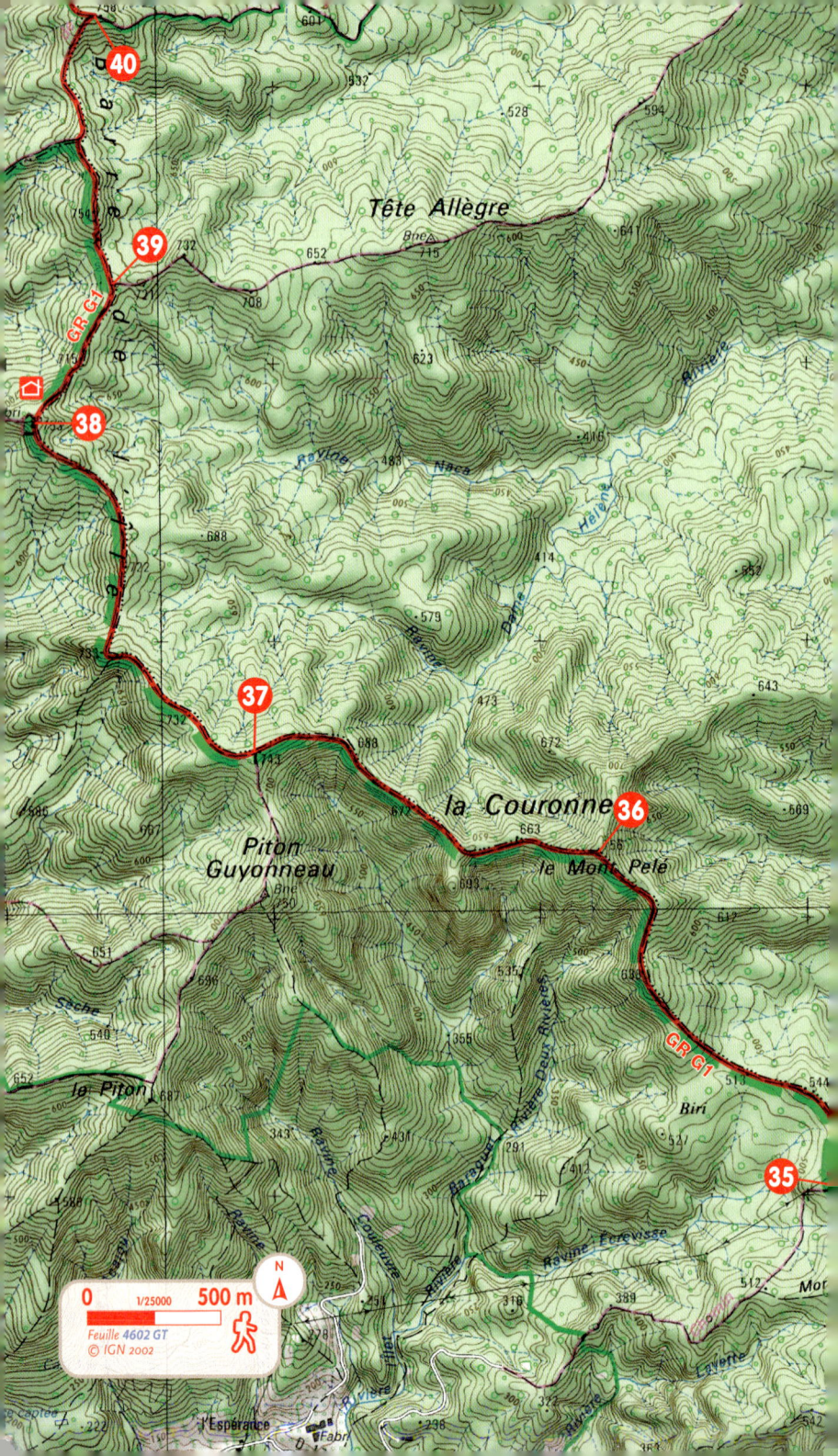

Étape n°5 : Du morne Léger à Belle-Hôtesse

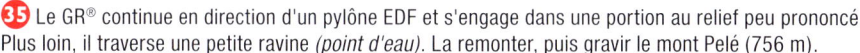

Du carrefour des Contrebandiers à Belle-Hôtesse

3 h 40

35 Le GR® continue en direction d'un pylône EDF et s'engage dans une portion au relief peu prononcé. Plus loin, il traverse une petite ravine *(point d'eau)*. La remonter, puis gravir le mont Pelé (756 m).

36 Au sommet, virer à gauche en direction de la Couronne pour continuer jusqu'à une intersection (743 m).

37 Laisser à gauche le chemin menant au sommet du piton Guyonneau. S'engager sur la trace de droite. Après quelques portions boueuses et une montée raide, arriver à l'embranchement avec la trace provenant du morne Belle-Hôtesse où se trouve le carbet de bivouac de Belle-Hôtesse (756 m) **38**.

À Belle-Hôtesse >

> Pour les randonneurs les plus en forme, possibilité de ne pas bivouaquer et de continuer jusqu'à la fin du parcours.

FAUNE ET FLORE
LA GUÊPE BLEUE

Présente sur le massif de la Soufrière, la guêpe bleue ou pompile (*Pepsis ruficornis*) est un insecte d'environ 2 cm qui possède un corps bleu pourvu de reflets métalliques avec des antennes orangées, destiné à avertir les éventuels prédateurs qu'il est dangereux. Chassant les araignées, cette guêpe solitaire les paralyse avant de les entraîner dans leur nid pour s'en servir de support de ponte. Une fois écloses, ses larves peuvent ainsi se nourrir des chairs de leur hôte, toujours vivant mais incapable de bouger, ses pattes ayant été sectionnées.

Au Brésil, les pompiles figurent au rang des rares prédateurs des araignées et sont capables de s'attaquer à des proies d'une taille équivalente, voire supérieure, à la leur.

Cette espèce est menacée par la dégradation des milieux naturels et l'usage incontrôlé des pesticides.

PHOTO CP.G.

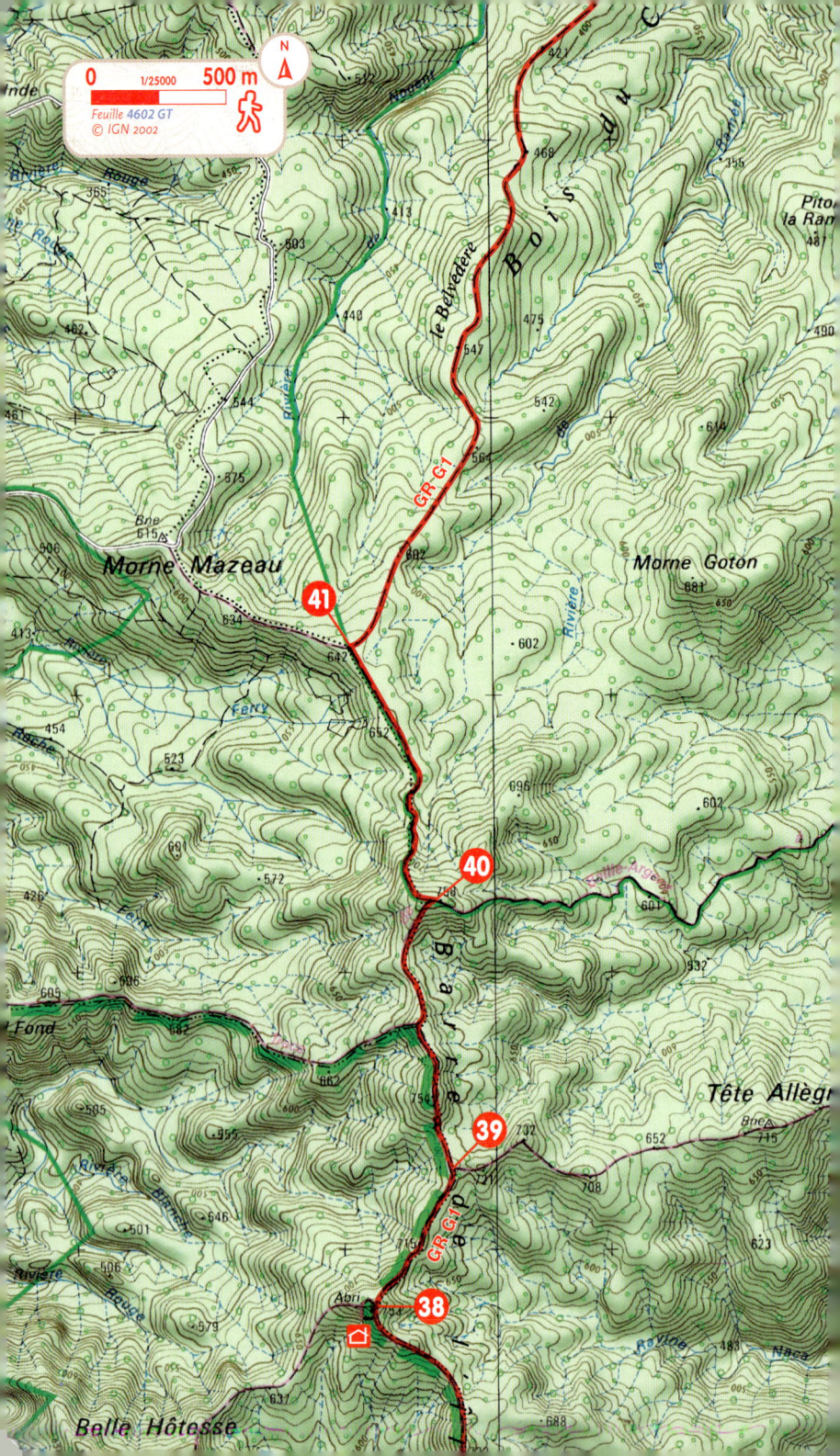

aller : 5 h | retour : 5 h 40 | **GR®G1**

De **Belle-Hôtesse**
aux Amandiers

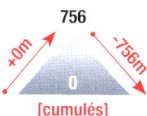

756
+0m -756m
0
[cumulés]

De **Belle-Hôtesse** au point d'altitude 642 .... 2 h

À Belle-Hôtesse >

38 Le GR® prend la direction nord-est et parvient à un embranchement.

39 Laisser à droite le chemin menant à la Tête Allègre *(accessible en 30 min, voir PR 6 pp. 44-45)* et rejoindre un embranchement [👁 > point de vue sur la mer et Gros Morne]. Laisser à gauche le sentier menant aux pitons Grand Fond et Baille-Argent *(voir PR 5 pp. 40-41)*. Le GR® emprunte à droite la trace Baille-Argent - Sofaïa jusqu'à une bifurcation.

40 S'engager à gauche sur un étroit sentier assez pentu menant au point d'altitude 642 de la carte IGN 4602 gt (20 minutes avant le morne Mazeau) *(voir PR 3 pp. 34-35)*.

Du point d'altitude 642 aux Amandiers .... 3 h

41 Prendre à droite la trace Solitude ou Belvédère qui conduit à Solitude. Elle descend longuement dans la forêt humide puis semi-humide du bois du Comté (> **certains passages sont glissants**), puis remonte sur environ 500 m *(dénivelée de 265 m)*. Passer une bifurcation et parvenir en lisière de bois. Aller en face pour traverser les champs [👁 > vue sur le Grand Cul-de-Sac Marin, la Pointe Allègre en face et les îlets sur la droite].

Vue de l'itinéraire Solitude / photo R.V.D.P./ONF

• **187**

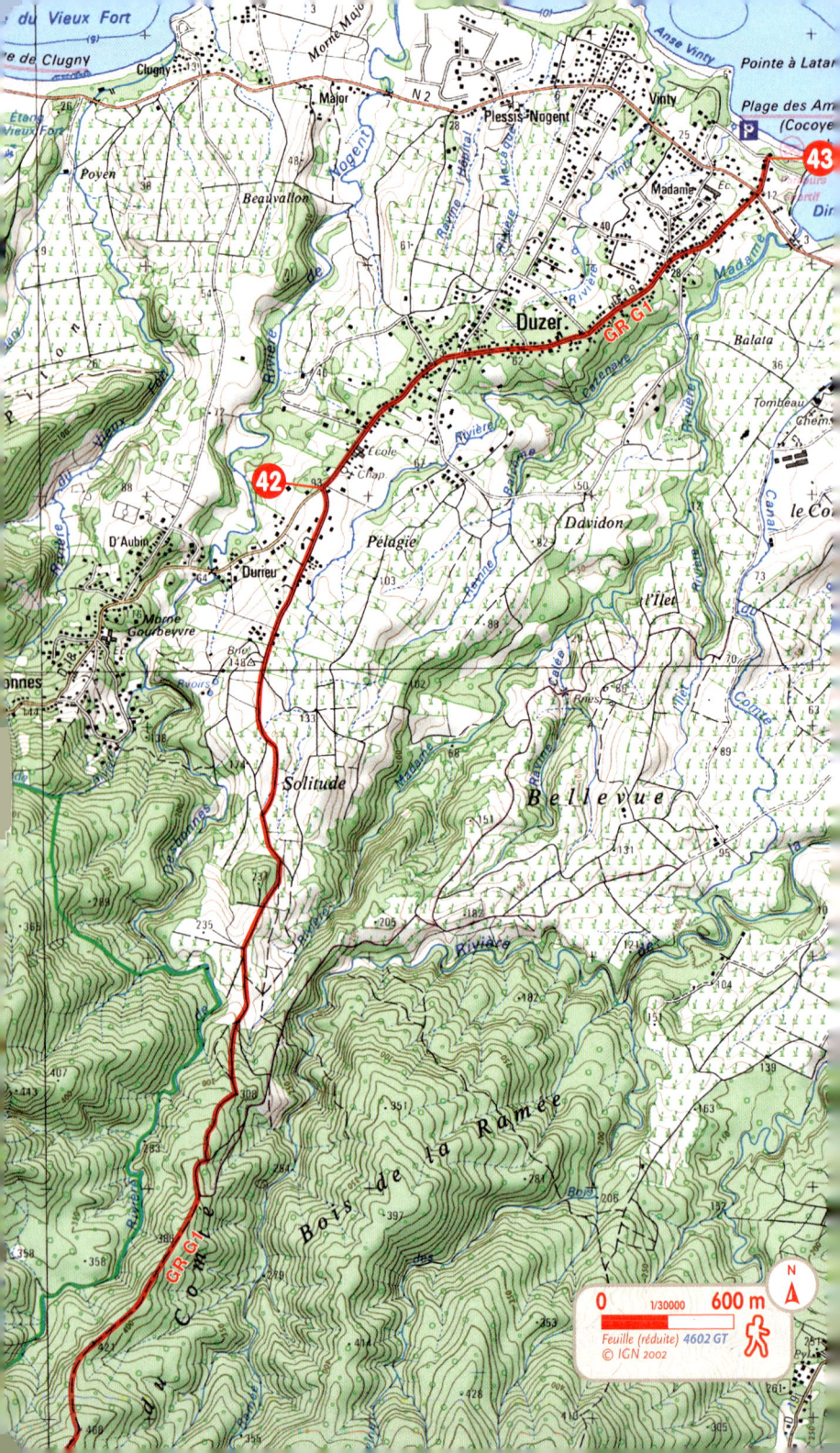

Étape n°6 : De **Belle-Hôtesse** aux **Amandiers**

Au carrefour dans un champ, quitter la route pavée en bifurquant à droite. Environ 400 m plus loin, prendre à gauche et rejoindre une route à Solitude.

42 Continuer sur la route qui mène à Duzer ; traverser la route nationale et arriver à la plage des Amandiers pour une baignade bien méritée ! **43**

Aux Amandiers > 🏠 🛏 🔧 🚿 *point d'eau, WC, douche*

E N V I R O N N E M E N T

La Guadeloupe, terre jeune

La tectonique des plaques, avec la subduction de la plaque atlantique qui s'enfonce sous la plaque caraïbe, est à l'origine de l'apparition des îles de la Guadeloupe.

Au sens géologique du terme, la Guadeloupe est une terre jeune. La Grande-Terre, Marie-Galante, Saint-Martin et Saint-Barthélémy font parties d'un premier arc d'îles volcaniques érodées et partiellement ou totalement recouvertes par des formations calcaires. La Guadeloupe proprement dite (ou la Basse-Terre) fait partie d'un deuxième arc antillais d'îles toutes volcaniques, apparues il y a seulement 5 millions d'années.

C'est cette « jeunesse » qui nous vaut des sols instables à forte érosivité, aux arêtes vives et aux vallées encaissées.

PHOTO CGRP

✔ La création des circuits et la réalisation des itinéraires ont mobilisé de nombreux partenaires : le Comité guadeloupéen de randonnée pédestre (CGRP), l'Office national des forêts (ONF), le Parc national de la Guadeloupe (PNG), le Conservatoire du littoral.

✔ Le balisage et l'entretien des itinéraires sont assurés par le Parc national de la Guadeloupe, l'Office national des forêts et le Conservatoire du littoral avec le concours financier du Conseil général de la Guadeloupe.

✔ La rédaction des textes thématiques de découverte et la description des itinéraires ont été assurées par : Gérard Berry, Wilfrid Demonio, Caroline Fourcade, Isabelle Gay, Stéphane Guidevaux, Anthony Levesque, Patrice Segretier.

✔ Les photographies sont de : Denis Bassargette (D.B./PNG), Gérard Berry (G.B.), Fabien Chelles (F.C./ONF), Emmanuelle Faysse (E.F.), Caroline Fourcade (C.F./ONF), Philippe Girault (P.G.), Stéphane Guidevaux (S.G.), Alain Lacki (A.L.), Céline Lesponne (C.L./PNG), Anthony Levesque (A.LE.), Gilles Martin (G.M.), Rosine Mazin (R.M.), Office national des forêts (ONF), Parc national de la Guadeloupe (PNG), Jean-Baptiste Schneider (J.-B.S./ONF), Landry Sega (L.S./PNG), Raphaële Van der Perre (R.V.D.P./ONF), Claudine et Pierre Guezennec (CP.G.), Comité guadeloupéen de la randonnée pédestre (CGRP).

✔ Les dessins sont de Nathalie Locoste (N.L.) et Pascal Robin (P.R.).

✔ Responsable de la production éditoriale : Isabelle Lethiec. Développement et suivi des collectivités territoriales : Patrice Souc, Soumaya Abid. Assistante : Sabine Guisguillert. Coordination éditoriale de la 1re édition : Nicolas Vincent. Secrétariat d'édition : Marie Fourmaux, Philippe Lambert. Cartographie : Nicolas Vincent, Olivier Cariot, Frédéric Luc. Mise en page de la 1re édition : Élodie Gesnel. Suivi de la fabrication : Jérôme Bazin, Justine Dupré, Auriane Bayard. Lecture et corrections : Didier Babin, Evelyne Chaix, Michèle Rumeau. Création maquette et design couverture : MediaSarbacane.

Le Comité guadeloupéen de randonnée pédestre

Créé en 2001, il est le représentant de la Fédération française de randonnée pédestre en Guadeloupe. Il a pour but le développement de la randonnée pédestre tant pour sa pratique sportive, la découverte, la sauvegarde de l'environnement, le tourisme, les loisirs, la santé et la sécurité. En 2001, le Comité regroupait 3 associations avec 32 licenciés. En 2012, 12 associations sont affiliées ou en cours d'affiliation, ce qui rassemble 557 licenciés. Il coordonne les initiatives associatives, organise les actions communes et assure les relations avec les autorités publiques, les administrations et les partenaires. Ses actions portent sur :

- La formation
- Le développement de la randonnée pédestre
- Le soutien des projets
- L'organisation des itinéraires et des réseaux de sentiers
- La valorisation de la vie associative

Cette opération a été réalisée avec le concours du Conseil général de la Guadeloupe, de l'Office national des forêts, du Parc national de la Guadeloupe, du Comité du Tourisme des Îles de la Guadeloupe, du Comité Guadeloupéen de randonnée pédestre, des associations affiliées, et de la Fédération française de la randonnée pédestre.

GÉOGRAPHIQUE

THÉMATIQUE

LES EAUX BLEU TURQUOISE DES SAINTES / PHOTO ONF

Achevé d'imprimer en France sur les presses de Corle (Condé-sur-Noireau), selon les normes de la certification PEFC®.

PEFC 10-31-1510